C Busley

Der Kampf um den ostasiatischen Handel

Vortrag

C Busley

Der Kampf um den ostasiatischen Handel
Vortrag

ISBN/EAN: 9783744672863

Hergestellt in Europa, USA, Kanada, Australien, Japan

Cover: Foto ©Suzi / pixelio.de

Weitere Bücher finden Sie auf **www.hansebooks.com**

Der Kampf

um den

Ostasiatischen Handel.

Vortrag

von

C. Busley,
Professor, Geh. Regierungsrat.

Mit 1 Karte und 18 Tabellen.

Die Versammlung fand statt am **Dienstag den 4. Mai 1897** im grossen Saale des **Hotel Kaiserhof.**

Se. Durchlaucht der Prinz von Arenberg eröffnete als Vorsitzender die Versammlung und teilte vor Eintritt in die Tagesordnung Nachstehendes den Anwesenden mit:

„Seit unserer letzten Versammlung hat die Abteilung Berlin-Charlottenburg Anlass genommen, Seiner Hoheit dem Herzog Johann Albrecht von Mecklenburg, userm Präsidenten, ihr ehrerbietigstes und wärmstes Beileid auszusprechen zum Tode Seiner Königlichen Hoheit des Grossherzogs von Mecklenburg-Schwerin, und hat sich erlaubt, bei dieser Gelegenheit einen Kranz nach Schwerin zu senden."

Der Schriftführer Herr *Selberg* verlas nunmehr die Namen der neu eingetretenen Mitglieder wie folgt:

Am 8. April 1897:

Dr. Hermann Meyer (Leipzig). — *J. Festag,* Pfarrer. — *M. Frehse,* Referendar. — *Jädicke, jun.,* Kaufm. — *Schultz,* Landforstmeister. — *A. Russ, jun.,* Bankier. — *W. Ausborn,* Baudirektor. — *F. Thiem,* Kaufm. — *M. Gaede,* Kaufm.

Am 4. Mai 1897:

Dr. Schultz, Präsident des Reichs-Eisenbahn-Amtes. — *A. Martini,* Kaufm. und Rittmeister d. L.-Kav. — *v. Lojewsky,* Prem.-Lt. a. D. — *Fahrenkamp,* Oberstlieutenant a. D. — *W. Werner,* Rentier. — *Eschke,* Kaiserlich. Oberrichter im Auswärtigen Amt. — *Schering,* Exc., Vize-Admiral z. D. — *Prinz Philipp von Arenberg,* Domkapitular. — *E. Schümann,* Bankier.

Sodann ergriff der Herr Vorsitzende nochmals das Wort:

Meine Herren, wir treten nunmehr in unsere Tagesordnung ein. Ich möchte zunächst den Herren Gästen, welche unsere Versammlung heute so zahlreich aufgesucht haben, im Namen des Vorstandes meinen wärmsten Dank aussprechen. Der Gegenstand, welcher uns heute abend beschäftigt, ist für die ganzen industriellen und kommerziellen Beziehungen Deutschlands zum Auslande, speziell Ostasien, von einer so grossen Wichtigkeit, dass unser Vorstand es nicht verantworten zu können glaubte, diesen Gegenstand mit Stillschweigen zu übergehen. Es werden ja in der Kolonialgesellschaft viele Abende Gegenständen gewidmet, welche ungleich weniger wichtig und ungleich weniger einschneidend für unser ganzes wirtschaftliches Leben sind, als gerade die Frage unserer Handelsbeziehungen zu Ostasien und, mit anderen Worten gesagt, als die Frage der ostasiatischen Dampfersubventionsvorlage. Selbstverständlich ist dies eine Frage, die am leichtesten und besten beurteilt und gelöst werden kann, je objektiver sie beurteilt wird, und wir würden es am meisten bedauern, wenn diese Frage in einer gewissen Hurrastimmung beurteilt und besprochen würde, welche ja ein objektives Urteil geradezu unmöglich macht. Um deswillen wäre es uns ungemein willkommen, wenn sich in der Diskussion nach dem Vortrage des Herrn Geheimrats Busley auch Gegner der Vorlage und Gegner dieses Projekts melden wollten. Ich würde einem Herrn, der sich als Gegner einschreiben zu lassen die Güte hätte, sofort nach dem Herrn Vortragenden das Wort geben.

Da sich niemand als Gegner meldet, erteilt Se. Durchlaucht dem Herrn Geh. Regierungsrat Professor Busley als erstem Redner zu seinem Vortrage: „Der Kampf um den ostasiatischen Handel" das Wort.

Meine Herren!

Indien und China waren zwar im Mittelalter nicht mehr so unbekannt, wie im Altertum, doch erhielt die europäische Welt erst eine allgemeine Kenntnis der dichtbevölkerten und reichen ostasiatischen Länder durch die im Anfange des 14. Jahrhunderts geschriebenen fesselnden Reiseberichte des Venetianers Marco Polo, welcher mit seinem Vater Nicolo und seinem Onkel Matteo 17 Jahre lang, von 1275 bis 1292, am Hofe des Grosskhans Kublai in Peking lebte. Dieser

Reiseberichte bemächtigte sich die später aufblühende Buchdruckerkunst in solchem Maasse, dass davon insgesamt etwa 60 Ausgaben in allen westeuropäischen Sprachen erschienen. Ausser China und Indien beschreibt Marco Polo vom Hörensagen auch die unbekannte Insel Zipangu, das heutige Japan, und es ist eine bekannte Thatsache, dass die 200 Jahre später ausgeführte Entdeckungsreise des Columbus der Aufsuchung dieser als besonders goldreich geschilderten Insel galt, welche nach der damals besten Erdkarte von Toscanelli ungefähr dort zu suchen war, wo in Wirklichkeit die Halbinsel Florida liegt. Bald darauf, im Jahre 1498, segelte der Portugiese Vasco de Gama um das Kap der guten Hoffnung und als erster weiter nach Ostindien, worauf 1521 sein Landsmann Magelhães durch die von ihm in Südamerika entdeckte Strasse von Osten kommend die Philippinen erreichte. Damit waren die natürlichen Seewege nach Ostasien festgelegt, denn die früher erhoffte Durchfahrt von Europa nach Nordosten durch das nördliche Eismeer um Asien, welche gegen Ende des sechzehnten Jahrhunderts von den Holländern Heemskerk und Barentz versucht wurde, hat sich, trotz des letzten kühnen Vordringens Nordenskjölds, in den Jahren 1877 bis 1879 als Handelsweg in gleicher Weise unbrauchbar erwiesen, wie die Nordwestdurchfahrt um den Norden Amerikas, die von den Engländern im siebenzehnten und achtzehnten Jahrhundert ebenso ausdauernd wie ergebnislos angestrebt wurde.

Aber auch die beiden natürlichen Seewege sind heute für den Handel nur von geringer bezw. gar keiner Bedeutung. Den Vasco de Gama'schen Weg um das Kap der guten Hoffnung verfolgen bloss noch Segelschiffe sowie langsamer laufende, geringwertigere Massengüter fortschaffende Frachtdampfer. Die Magelhães'sche Route ist für die Erreichung Ostasiens überhaupt nur von Forschern benutzt worden. Durch die Eröffnung der grossen, Nordamerika durchquerenden Eisenbahnlinien hat sie indessen gewissermaassen eine Verschiebung von der südlichen Halbkugel auf die nördliche erfahren und sich dabei aus einem reinen Seewege in einen Land- und Seeweg verwandelt, dem ein gewisser Einfluss nicht abgesprochen werden kann. Der stärkste Verkehr zwischen Europa und Ostasien vollzieht sich seit Eröffnung des Suez-Kanals durch diesen und das Rote Meer, sämtliche schneller fahrende Dampfer schlagen diese Route ein. In einigen Jahren wird sich zu den beiden Seewegen um das Kap der guten Hoffnung und durch den Suez-Kanal, sowie dem Land- und Seewege über Nordamerika noch ein reiner Landweg gesellen: die grosse sibirische Eisenbahn.

Die Handelswege.

Die gegenseitige Bedeutung dieser Handelswege, der Wettbewerb unter den vornehmsten Beförderungsmitteln, sowie die Unterstützung und der Schutz, welchen die einzelnen Nationen den letzteren angedeihen lassen, sollen nachstehend erörtert werden. Um nicht zu sehr in die Breite zu gehen, musste sich diese Arbeit auf die Schilderung der „vornehmsten" Beförderungsmittel beschränken, worunter in erster Reihe die Postdampfer zu verstehen sind. Die nach tausenden zählenden Frachtdampfer und Segelschiffe, welche den Güterverkehr zwischen Ostasien und Europa vermitteln, wurden unberücksichtigt gelassen, weil sich schon aus der Zahl, Grösse und Geschwindigkeit ihrer Postdampfer ein gewisser Schluss ziehen lässt, wie stark die Handelsinteressen der einzelnen Nationen in jenen Gegenden sind. Auch auf die wirtschaftlichen Verhältnisse der ostasiatischen Länder ist nicht eingegangen worden, da vor kurzem die beiden hochinteressanten Vorträge des Kaiserlichen Gesandten a. D. Herrn v. Brandt erschienen sind,[*]) welche derselbe im Dezember 1896 und Januar 1897 in der Abteilung: Berlin-Charlottenburg der Deutschen Kolonial-Gesellschaft über China gehalten hat.

---

[*]) China in ethischer, industrieller und politischer Beziehung. Berlin 1897. Geographische Verlagshandlung Dietrich Reimer (Ernst Vohsen).

Ausserdem ist soeben von dem angeführten Verlage eine Karte von Ostasien*) herausgegeben, deren umfassende Legende die wirtschaftliche Entwickelung dieser Länder ebenfalls in weitem Umfange berücksichtigt.

Der Suez-Kanal, die Hauptverkehrsader zwischen Europa und Ostasien, wird von allen Postdampfern ohne Ausnahme benutzt. Bietet das Rote Meer beim Durchfahren in den heisseren Monaten sowohl für die Passagiere wie für die Schiffsmannschaft, besonders die Heizer, auch gerade keine Annehmlichkeiten, so ist die erzielte Abkürzung des Weges, wie schon ein flüchtiger Blick auf die angeschlossene Karte lehrt, eine so bedeutende, dass diese sich auf wenige Tage beschränkenden Strapazen in den Kauf genommen werden können.

Der Verkehr im Suez-Kanal ist in den letzten Jahren ganz gewaltig gestiegen. Er betrug im Jahre 1890 insgesamt 6,172 Millionen Tonnen, die sich auf 3380 Schiffe verteilten, im Jahre 1896 waren es schon 7,534 Millionen Tonnen in 3408 Schiffen. Darunter befanden sich 703 Postdampfer mit 1,865 Millionen Tonnen und 341 Kriegs- bezw. Regierungsdampfer. Die Zahl der den Kanal befahrenden Schiffe ist in den 6 Jahren nur um 28 gestiegen, aber die Räumte derselben um 1,362 Millionen Tonnen, d. h. um 22 pCt., ein Zeichen, wie sehr der Bau von grossen Dampfern zugenommen hat.

Der Weg über Amerika berührt die europäisch-ostasiatischen Dampferlinien verhältnismässig wenig. Güter können auf demselben wegen der hohen Frachtsätze auf den amerikanischen Eisenbahnen nicht von Europa nach China oder Japan verschickt werden, so dass es sich für diese Route lediglich um europäische Reisende und um die Post handelt. Für die letztere spielt ein mehrmaliges Umladen keine Rolle, wenn nur die Beförderungszeit verkürzt wird.

---

*) Karte von Ostasien mit Text und Namensverzeichnis. Aus Kieperts Grossem Handatlas; vergl. vierte Seite des Umschlages.

Heute gebraucht ein Brief von Berlin über Nordamerika nach Yokohama 31 bis 33 Tage, durch den Suez-Kanal dagegen 36 bis 38 Tage. Mit dem vom Norddeutschen Lloyd bei Annahme der Dampfersubventions-Vorlage durch den Reichstag geplanten Neubau schnellerer Dampfer und der dann ins Leben tretenden direkten vierwöchentlichen Fahrt nach Japan ohne Zwischendampfer wird ein Brief von Berlin aber nur etwa 1 Tag später in Yokohama ankommen, als wenn er über Amerika geht. Nach Shanghai gelangt er heute bereits 3 Tage früher über Suez als über Amerika. Für den Reisenden wird der eine Tag, den er in Zukunft über Amerika in Yokohama eher eintrifft als durch den Suez-Kanal, kaum von Bedeutung sein, wenn er erwägt, dass er sein Gepäck einschliesslich Musterkoffer, Warenproben etc. in Bremen aufliefert und in dem chinesischen bezw. japanischen Endhafen ohne Umladung und ohne Zollscherereien zurück erhält. Geht er dagegen mit einem deutschen Dampfer über Amerika, so hat er die erste Umladung und Zollrevision in New York, die zweite Umladung an der amerikanischen Westküste, die dritte im japanischen und die vierte eventuell im chinesischen Hafen, beide letztere abermals mit Zollrevision. Reist er gar noch mit einem englischen Dampfer, so kommt noch die Umladung nebst Zolluntersuchung in England hinzu. Neben den Unbequemlichkeiten und den Kosten, die das Aus- und Wiedereinschiffen, sowie die Fahrt zum Besteigen der Eisenbahn verursachen, stellt sich auch das einfache Reisebillet von Deutschland bis Yokohama um 100 bis 200 Mk. teurer als auf der Route durch den Suez-Kanal. Dazu kommt nun noch der Reiz der Reise auf der einen Seite: Italien, Aegypten, Indien, Ceylon, China; während auf der andern Seite ausser den beiden Oceanen während des längsten Teiles der Ueberlandfahrt nur die langweiligen Prairien Nord-Amerikas zu sehen sind. Ueber diese Reiseeindrücke lässt sich indessen nicht streiten, der Geschmack ist zu verschieden, wer die Reise durch die endlosen amerikanischen Prairien aus Erfahrung kennt, wird gewiss den Weg durch den Suez-Kanal vorziehen.

Von Europa nach New York gelangt man entweder mit den deutschen Schnelldampfern des Norddeutschen Lloyd und der Hamburg-Amerika-Linie, oder mit den englischen Schnelldampfern der Cunard-Linie bezw. den Postdampfern der White-Star- und der Guion-Linie, oder den französischen Postdampfern der Compagnie Générale Transatlantique, oder den belgischen Postdampfern der Red-Star-Linie, oder den niederländischen Postdampfern der Stoomvaart-Maatschappij, oder endlich mit den Schnelldampfern der neuen American-Line. Sämtliche Dampfer der vorgenannten Gesellschaften fahren seit einigen Jahren, seit der maritimen Konferenz in Washington, auf ganz bestimmten Wegen nach Amerika hinaus und kehren auf anderen etwas südlicheren Wegen, wie die Karte zeigt, wieder nach Europa zurück. Im Durchschnitt liegen diese Wege etwa 45 Seemeilen voneinander entfernt, nur an ihren Endpunkten, bei Fastnet Rock im Süden Irlands und bei Bishops Rock, Scilly-Inseln, einerseits, sowie bei Sandy Hook vor New York andererseits müssen sie sich mehr und mehr nähern und schliesslich in einander zusammenlaufen. Ferner sind Sommer- und Winterwege unterschieden, die ersteren dauern vom 15. Juli bis 14. Januar, die letzteren vom 15. Januar bis zum 14. Juli. Die Sommerwege sind wegen der in dieser Zeit auf den Neufundlands-Bänken herrschenden Nebel, besonders aber wegen der bis hierhin von Norden vordringenden Eisberge beträchtlich südlicher gerückt als die Winterwege, die eine mehr gerade Richtung verfolgen und um 72 bis 87 Seemeilen kürzer sind, als die Sommerwege. Soweit es angeht, liegen die Dampferwege im Bogen des grössten Kreises, oder der kürzesten Entfernung zwischen 2 Punkten der Kugeloberfläche der Erde. Der grösste Kreis wird nur dort verlassen, wo dies, wie bei den Sommerwegen, absolut notwendig ist. Durch die Einführung dieser festen Seewege ist die Sicherheit des Reisens über den Atlantischen Ocean beträchtlich gestiegen, denn es ist die Gefahr von Zusammenstössen vermindert, und auch dem übel angebrachten Wettfahren zwischen den Schiffen der verschiedenen Gesellschaften ist bis zu einem gewissen Grade Einhalt geboten, weil die Schiffsführer nicht mehr so gewagte nördliche Wege wählen dürfen, womit sie früher die Reisestrecke abzukürzen suchten. Endlich wird durch den Umstand, dass viele Dampfer ein und denselben Seeweg benutzen, den in Seenot geratenen Schiffen leichter und sicherer Gelegenheit geboten, Hilfe zu finden, als es bisher der Fall war.

Von New York bis zur Westküste Amerikas stehen dem Reisenden heute bereits 4 Eisenbahnen zur Verfügung: die zuerst vollendete südlichere Linie, die Union Pacific über St. Louis, Denver, Salt Lake City nach St. Francisco in Californien; die Northern Pacific über Chicago und Minneapolis nach Tacoma im Staate Washington; ferner die zuletzt fertig gestellte Great Northern Rail Road von Duluth am Superior-See nach Seattle am Puget Sound; und endlich die Canadian Pacific über Winnipeg und Fort Hamilton nach Victoria auf Vancouver. Aus St. Francisco erfolgt die Dampferverbindung mit Yokohama etwa zehntäglich, aus Seattle vierzehntäglich, aus Tacoma dreiwöchentlich und aus Victoria im Sommer drei-, im Winter vierwöchentlich.

Der Weg nach Ostasien über Nord-Amerika wird für Europa kommerziell immer ohne grosse Bedeutung bleiben, er bietet nur für Reisende mit wenig Gepäck von und nach Japan den Vorteil einer bald auf einen Tag zusammenschrumpfenden Zeitersparnis. Wie heute schon dürfte er auch in Zukunft hauptsächlich eine Strasse für die Globetrotter bleiben.

Die sibirische Eisenbahn wird zwar gegenüber den grossen europäischen Vollbahnen zunächst nur in ziemlich primitiver Weise, und in erster Linie als eingeleisige Militärbahn gebaut, sie kann deshalb auch bald nach ihrer Eröffnung noch nicht besonders umgestaltend auf den europäisch-ostasiatischen Verkehr einwirken, lässt aber mit

Sicherheit erwarten, dass sie denselben in nicht sehr ferner Zukunft wesentlich beeinflussen wird. Das lehrt schon ein Blick auf die Entwickelung der nordamerikanischen Querbahnen, deren es jetzt, wie soeben erwähnt, schon 4 giebt.

Wenn sich auch für gewöhnliche Güter der direkte Eisenbahntransport von China nach Westeuropa immer zu teuer erweisen wird, so werden sich trotz des anfänglichen langsamen Fahrens, welches der leichte Oberbau bedingt, gewiss Reisende finden, die es im Winter mit der sibirischen Kälte und im Sommer mit der Hitze und dem Staub auf den weiten innerasiatischen Steppen aufnehmen, und zwar nicht so sehr, um einige Reisetage zu sparen, als vielmehr um die dortigen Verhältnisse kennen zu lernen. Verkehren später erst durchgehende Schnellzüge zwischen den ostasiatischen Endpunkten der Bahn und Moskau, was vielleicht schon wenige Jahre nach der Eröffnung der Fall sein kann, dann dürfte der Reiseverkehr zwischen Russland und dem Osten erheblich wachsen. Vorläufig ist wohl hauptsächlich auf eine Beförderung der Post mittels dieser Bahn zu rechnen, denn die Reisedauer von Berlin bis Moskau beträgt etwa 2 Tage, von dort bis zu dem Endpunkte der Bahn an der Küste des Stillen Oceans etwa 14 Tage und von diesem mit den heute dort verkehrenden japanischen Postdampfern bis Yokohama noch 4—5 Tage, zusammen rund 20 Tage, d. s. 11 bis 13 Tage weniger als augenblicklich die kürzeste Reiseroute über Amerika beansprucht. Viel südlicher als Hongkong wird sich der Einfluss der sibirischen Bahn auf die Postbeförderung wahrscheinlich nicht erstrecken, denn nach Singapore gelangt die Post auf dem jetzigen Dampferwege durch das Rote Meer selbst dann noch früher, wenn die sibirische Eisenbahn bereits eine leistungsfähige moderne Vollbahn geworden ist. Tritt dieser Zeitpunkt ein, so wird Russland im Personenverkehr mit China und Japan ein entschiedenes Uebergewicht erlangen, was der Entwickelung seiner gesamten Volkswirtschaft in kaum übersehbarem Grade zu gute kommen muss. Wie sehr sich die russische Regierung dessen bewusst ist, davon zeugt schon die planmässige Weise, in welcher die Auswanderung aus Russland behufs Besiedelung der weiten von der Bahn durchschnittenen Ländereien gefördert und begünstigt wird. Welchen Aufschwung ausserdem die allmählich erstarkende russische Industrie durch den gesteigerten Verkehr erfahren muss, sei hier nur nebenbei erwähnt. Es kann kein Zweifel darüber bestehen, dass Russland von allen Staaten den asiatischen Kulturländern am nächsten gerückt wird. Die westeuropäischen Völker haben gegen diese drohende und nicht zu unterschätzende Gefahr nur ein Mittel in der Hand, das ist die allmähliche Erbauung von grossen und schnellen Dampfern, die nicht bloss die Reisezeit abzukürzen imstande sind, sondern auch die Sicherheit des Reisens in noch grösserem Maasse als bisher erhöhen. Lassen sich damit die mittel- und südchinesischen Häfen in nicht sehr viel längerer Zeit erreichen als mit der Eisenbahn, so werden die westeuropäischen Reisenden die Strapazen einer etwa 14 tägigen Eisenbahnfahrt scheuen, weil sie aus Erfahrung wissen, wie angreifend schon eine drei- bis viertägige ununterbrochene Fahrt selbst in den bestausgerüsteten Pullmanwagen oder in den europäischen Luxus-Expresszügen ist. Man leidet auf der Eisenbahn bei anhaltenden Fahrten regelmässig unter dem Mangel an Bewegung, wozu sich im Winter in den weitaus meisten Fällen der nervenerschlaffende Aufenthalt in den überheizten Abteilen gesellt. Dagegen wirkt eine Seereise unter günstigen Witterungsverhältnissen wegen der reinen und würzigen Oceanluft auf die meisten Menschen als eine wahre Erquickung und Erholung; ausgenommen sind von dieser Wirkung nur die wenigen Personen, welche beständig von der Seekrankheit befallen werden. Mit den schnellsten nach New York fahrenden Dampfern wäre Hongkong von London via Brindisi heute schon in etwa 20 Tagen erreichbar, und in sehr viel kürzerer Zeit kann es auch nach dem Ausbau der sibirischen Bahn mit 14 Tagen Fahrzeit von London bis zur Küste der Mandschurei nebst anschliessender Schnelldampferfahrt nicht erreicht werden. Die Japaner, welche durch eine sibirische Vollbahn in ihrer wirtschaftlichen Entwickelung am empfindlichsten getroffen würden, haben den empfohlenen Weg, die Erbauung grosser und genügend schneller Dampfer, bereits beschritten, indem sie zur Zeit in England nicht weniger als 12 Postdampfer von je etwa 6000 Reg.-Tons in Bau gegeben haben, denen nach ihrer Fertigstellung noch 6 weitere folgen sollen.

Die Postdampferlinien.*)

Zur Zeit bestehen drei verschiedene Dampferverbindungen mit Ostasien, eine europäische, eine amerikanische und eine asiatische, welche sämtlich in den angehängten Tabellen aufgeführt sind. Die einzelnen Linien nebst ihren Anlaufhäfen, Subventionen, Fahrgeschwindigkeiten und Fahrpreisen sind in der zuerst folgenden Uebersichtstabelle zusammengestellt. Wirkliche Postdampfer im heutigen Sinne, d. h. Dampfer, welche mehr als 12 Knoten laufen müssen, unterhalten hiernach ausser Deutschland nur noch England und Frankreich, darauf folgen mit etwa 12 Knoten Fahrt die Holländer, Spanier und Japaner, denen sich mit etwa 11 Knoten Durchschnittsgeschwindigkeit die Russen und Amerikaner anschliessen, während die Italiener und Oesterreicher mit weniger als 11 Knoten Durchschnittsfahrt den Beschluss machen. Den letzteren werden sich die demnächst ihre Fahrten beginnenden dänischen Dampfer zugesellen.

Um eine Maasszahl für die Reisedauer zu gewinnen, sind in die Tabelle die Tage eingesetzt, welche ein von Berlin abgehender Brief nach den Erfahrungen unseres Generalpostamtes gebraucht, um den nebenstehenden Hafen zu erreichen. Die Fahrpreise I. Klasse gelten vom Anfangs- bis zum Endhafen.

---

*) Vergl. Tabellen am Schlusse dieses Heftes.

I. Europäische Linien.

1. **Die deutsche Linie.** Der Norddeutsche Lloyd in Bremen zählt mit seinen 75 Dampfern von 264 000 Brutto Reg.-Tons und 258 000 indicierten Pferdestärken zu den grössten Dampfschiffahrtsunternehmungen der Erde. Seine ostasiatische Linie wird mit 9 Postdampfern aufrecht erhalten, wobei die australischen eingeschlossen sind, weil sie sowohl bei den Engländern wie bei den Franzosen von den ostasiatischen Dampfern, wie später auseinandergesetzt wird, nicht getrennt werden können und immer Fahrgäste bis Colombo mitnehmen. Ausser den 9 Postdampfern beschäftigt der Lloyd zur Zeit noch einen Zwischenfahrer, „Hohenzollern", von Hongkong nach Yokohama und einen anderen, „Stettin", zwischen Singapore und Neu-Guinea. Die ostasiatischen sowie die australischen Dampfer werden in vierwöchentlichen Zwischenräumen abgelassen, ihre Abfahrtstage liegen je um 2 Wochen auseinander, so dass eine 14 tägliche Verbindung mit Colombo hergestellt wird. Der japanische Zwischenfahrer macht alle 4 Wochen, der nach Neu-Guinea alle 8 Wochen eine Reise. Sollte die neue Dampfervorlage seitens des Reichstags bewilligt werden, so würden der hintenstehenden Liste über die ostasiatischen Lloyddampfer wahrscheinlich sehr bald 4 weitere grosse Doppelschrauben-Dampfer zugefügt werden, die sämtlich in Deutschland erbaut würden. Die Dampfer dieser Liste sind bis auf „Hohenzollern" schon auf deutschen Werften entstanden. Ausserdem muss die Fahrgeschwindigkeit für diese Dampfer von 12,6 auf 13 Knoten anwachsen, und neu zu erbauende Dampfer müssen $13^1/_2$ Knoten laufen. Vielfach hat man angenommen, dass dies die äusserste Geschwindigkeit der Lloyddampfer während der ganzen 15 jährigen Vertragsdauer bleiben würde. Wie später nachgewiesen wird, ist die Geschwindigkeitsfrage einfach eine Kostenfrage, steigert sich der Verkehr und damit der Wettbewerb, so müssen die einzelnen Gesellschaften ihre Dampfer ohne weiteres schneller laufen lassen, wenn sie auf der Höhe bleiben und nicht überflügelt

werden wollen. Von den Lloyddampfern können selbst die ältesten der in der hintenstehenden Liste aufgeführten 14 Knoten dampfen, die neueren haben unterwegs schon 15 Knoten zurückgelegt, so dass ein genügender Spielraum für die spätere Geschwindigkeitserhöhung vorhanden ist, wenn sie sich als notwendig herausstellen sollte. Einen solchen Spielraum müssen übrigens alle dort fahrenden Postdampfer besitzen; er ist notwendig mit Rücksicht auf die in jenen Gegenden regelmässig wehenden Monsune, welche die Fahrgeschwindigkeit der Schiffe unter Umständen wesentlich vermindern. Nachweislich unterwegs angetroffene Taifune gelten in den meisten Postdampferverträgen als force majeure und entbinden von der Innehaltung der Geschwindigkeit.

2. Die englische Linie. Die Peninsular and Oriental Steam Navigation Co. in London besitzt 85 Dampfer mit 294 000 Brutto Reg.-Tons und 300 000 indicierten Pferdestärken, wovon die in der Tabelle angegebenen den ostasiatischen Dienst mit der Nebenlinie London-Bombay versehen. Die P. & O. Co., wie sie kurzweg immer bezeichnet wird, unterhält von London mit Bombay eine wöchentliche Verbindung, indem sie ausser den alle 14 Tage nach Ostasien auslaufenden Dampfern 14 täglich in den zwischenliegenden Wochen besondere direkte Postdampfer über Gibraltar und Brindisi bis Bombay sendet, welches einschliesslich des Expresszuges von London bis Brindisi in 17 Tagen erreicht wird. Die ostasiatischen Postdampfer geben in Aden ihre Fahrgäste für Bombay an Zwischendampfer ab, die neben den besonderen London-Bombay-Dampfern regelmässig alle 14 Tage von Aden abgelassen werden. Nach dem Staatsvertrage der P. & O. Co. brauchen ihre ostasiatischen Postdampfer nur von Brindisi bis Suez, die der Sonderlinie ebenfalls nur von Brindisi bis zum Endhafen Bombay 12,54 Knoten zu laufen. Von Suez bis Shanghai sind nur 11,2 Knoten vorgeschrieben, während der Norddeutsche Lloyd schon jetzt bis Colombo 12,6 und von dort bis Shanghai 12 Knoten, nach Annahme der neuen Vorlage

bis zum letztgenannten Hafen sogar mit seinen Dampfern 13,5 Knoten durchfahren muss. Er schlägt dann die englischen Postdampfer im Grossen Ocean um 2,3 Knoten und kann dies selbstredend nur unter grosser Erhöhung seiner Betriebskosten. Hervorgehoben muss noch werden, dass die P. & O. Co. nicht einen einzigen Dampfer über 10000 Brutto Reg.-Tons besitzt, wie der Norddeutsche Lloyd deren 6 in seiner Flotte zählt. Die grössten zur Zeit noch im Bau begriffenen Dampfer der P. & O. Co. sollen nur 8000 Brutto Reg.-Tons erhalten.

3. Die französische Linie. Die Messageries Maritimes in Marseille und Bordeaux unterhalten eine Flotte von 62 Dampfern mit einem Gehalt von 229 000 Brutto Reg.-Tons und 190 000 indicierten Pferdestärken, wovon die in der Tabelle aufgeführten 16 Dampfer den ostasiatisch-australischen Postdienst wahrnehmen. Dieser Dienst wird derartig versehen, dass alle 14 Tage ein Dampfer Marseille verlässt und über Suez nach Colombo fährt. Je der zweite von diesen Dampfern läuft von Colombo nach Australien, die anderen besuchen die ostasiatischen Häfen. Ausser diesen subventionierten Linien besteht noch eine nicht subventionierte Frachtzwischenlinie, deren Dampfer immer 7 Tage vor dem australischen Dampfer von Marseille abgehen, Suez, Aden und Bombay berühren, worauf sie in Colombo mit dem schneller laufenden australischen Dampfer zusammentreffen. Hier giebt der letztere seine für China und Japan bestimmten Fahrgäste an den von Bombay kommenden Frachtdampfer ab, der sie dann an ihren Bestimmungsort trägt. Die Dampfer der subventionierten Linie müssen 13,5 Knoten laufen, neue sollen sogar 14 Knoten erreichen. Die meisten der französischen Dampfer haben, wie ihre Geschwindigkeiten in der hintenstehenden Tabelle ausweisen, um den gesetzlichen Bestimmungen nachzukommen, stets mit aller Kraft zu dampfen, weil sie, bis auf „Adour" und den modernen „Ernest Simons", nicht wie die Dampfer des Norddeutschen Lloyd über einen beträchtlichen Geschwindigkeits-Ueberschuss verfügen.

4. **Die italienische Linie.** Die Navigazione Generale Italiana in Rom vereinigt 96 Dampfer unter ihrer Flagge, denen hauptsächlich die Aufrechterhaltung des italienischen Küstenverkehrs obliegt. Die Dampfer besitzen deshalb auch kleinere Abmessungen, als die der vorstehenden Linien, wie schon daraus hervorgeht, dass sie zusammen nur 170 000 Brutto Reg.-Tons mit 121 000 indicierten Pferdestärken aufweisen. Die in der Tabelle angegebenen 8 Dampfer dieser Gesellschaft laufen in vierwöchentlichen Fahrten nach Ostasien, und zwar die grösseren und schnelleren bis Bombay mit 11 Knoten vertragsmässiger Geschwindigkeit. Bis hierher bringen sie auch nur Fahrgäste I. und II. Klasse, welche sie dann nebst der Ladung an die kleineren und langsamer fahrenden Dampfer abgeben, die nur mit 9 Knoten und nur mit Fahrgästen II. Klasse nach Hongkong weiter gehen. Ausser dieser heimischen Linie subventioniert die italienische Regierung noch die P. & O. Co. mit 400 000 Mk. jährlich für eine Route Venedig-Port Said, welche dreiwöchentlich von Dampfern mit 11 Knoten Geschwindigkeit befahren wird.

5. **Die niederländischen Linien.** Der Rotterdamsche Lloyd in Rotterdam mit zusammen 15 Dampfern von 36 000 Brutto Reg.-Tons und 23 100 indicierten Pferdestärken sowie die Stoomvaart Maatschappij „Nederland" in Amsterdam mit 16 Dampfern von 47 600 Brutto Reg.-Tons und 28 700 indicierten Pferdestärken fahren beide in je 14 tägigen Zwischenräumen von ihren Heimatshäfen nach Batavia. Da die Abfahrtstage der Dampfer beider Linien immer 8 Tage auseinander liegen, so entsteht eine durchlaufende wöchentliche Verbindung zwischen dem Mutterlande und seinen Kolonien. Von Batavia hält die Koninklijke Packetvaart Maatschappij eine regelmässige, ebenfalls wöchentliche Verbindung nach Singapore aufrecht, deren Dampfer sich dort mit denjenigen der P. & O. Co. treffen. Von den Flotten der beiden eben genannten niederländischen Linien bewältigen die 18 mit etwa 11 Knoten laufenden Dampfer der hintenstehenden Listen

den Verkehr zwischen Europa und dem Sunda-Archipel, sowie durch die Zweiglinie weiter nach Ostasien.

6. Die österreichische Linie. Die Dampfschiffahrt-Gesellschaft des österreichischen Lloyd in Triest hat in den letzten Jahren ihren Schiffspark wesentlich verbessert und erneuert. Ihre Hauptaufgabe findet sie in dem Verkehr mit der Levante. Sie zählt augenblicklich 75 Dampfer mit 135 000 Brutto Reg. Tons und 105 000 indizierten Pferdestärken, wovon die schnelleren der hintenstehenden 12 Dampfer monatlich mit etwa 11 Knoten Durchschnittsfahrt nach Bombay gehen. Die Weiterreise von hier bis Shanghai und Kobe übernehmen, wie bei den Italienern, langsamere und etwa 9 Knoten laufende Dampfer, welche in Colombo anlegen, von wo eine Zweiglinie mit gleich geringer Geschwindigkeit den Anschluss nach Calcutta vermittelt. Der österreichische Lloyd nimmt ebenso wie die italienische Gesellschaft nur bis Bombay Passagiere I. Klasse; die übrigen Strecken müssen in der zweiten Cajüte zurückgelegt werden.

7. Die russische Linie. Die russische Freiwillige Flotte in Odessa hat augenblicklich noch 6 Dampfer im Bau; nach deren Fertigstellung sie 6 Schnell- und 15 Postdampfer mit zusammen 96 400 Brutto Reg. Tons und 110 000 indicierten Pferdestärken besitzen wird. Augenblicklich werden ihre Dampfer in etwa 10 tägigen Zwischenräumen nach Wladiwostok abgelassen und berühren nach Bedarf chinesische und japanische Häfen. Die Schnelldampfer der russischen Freiwilligen Flotte, welche die hintenstehende Liste aufzählt, sind ihrer Maschinenstärke nach zur Zeit die schnellsten in den ostasiatischen Gewässern fahrenden Handelsschiffe. Sie dampfen indessen aus wirtschaftlichen Gründen nur höchstens 12 Knoten, während die aufgeführten Postdampfer nur 10 Knoten einhalten. Die russische Freiwillige Flotte ist eine unter der Verwaltung des Marineministers stehende Aktien-Gesellschaft, deren Aktien sich fast sämtlich in den Händen der ersten russischen Kreise befinden. Dass die Gesellschaft trotz der verhältnismässig geringen Subvention ein glänzendes Geschäft macht, liegt in

der enormen Bevorzugung, der sie sich bei Uebernahme des Transports von Regierungs-Gütern nach und von Ostsibirien erfreut. Es soll vorkommen, dass der Freiwilligen Flotte für die Ueberführung von Kriegsmaterial der doppelte und dreifache Frachtsatz gezahlt wird, den andere Privatgesellschaften verlangen würden.

8. Die spanische Linie. Die Compañia trasatlántica in Cadiz und Barcelona vereinigt auf ihren Linien 35 Dampfer mit 116 000 Brutto Reg.-Tons und 84 200 indicierten Pferdestärken. Sie unterhält mit den hinten aufgeführten 7 Dampfern eine 4 wöchentliche Verbindung mit Manila auf den Philippinen und von dort eine Zweiglinie nach Singapore im Anschluss an die direkten ostasiatischen Dampfer der Messageries Maritimes, sowie eine andere nach Hongkong. Die spanischen Postdampfer sind die einzigen, deren europäischer Endhafen nicht im Heimatslande liegt, denn sie gehen von Barcelona noch über Cadiz und Ferrol nach Liverpool, woselbst sie auch ihre Hauptladung einnehmen. Bei dem Eintreffen in Barcelona haben sie gewöhnlich nur noch Raum für etwa 200 bis 500 t spanischer Produkte. Hier liegt also der eklatante Fall vor, dass mit der etwa 1,5 Millionen Mark betragenden Subvention der spanischen Regierung in überwiegenden Mengen fremde Güter befördert werden. Bis jetzt hat man sich in Spanien nicht darüber beklagt, dass dies der Nationalwohlfahrt Schaden brächte, man ist im Gegenteil recht froh, dass die Dampfer Gelegenheit haben, fremde — zum grössten Teile englische — Güter aufzunehmen, um die Frachten zu verdienen, sonst müsste die Gesellschaft ihre Dampfer ziemlich leer abfertigen und mindestens die dreifache Subvention erhalten, wenn sie lebensfähig bleiben sollte.

9. Die dänische Linie. Unter dem Namen „Dansk ostasiatisk Handelskompagni" hat sich in diesem Frühjahr in Kopenhagen eine Dampfergesellschaft gebildet, welche vorerst 3 Dampfer erwirbt, mit denen sie in 7 bis 8 wöchentlichen Zwischenräumen Reisen nach Hongkong und Shanghai, sowie

später nach Japan unternehmen will. Die Dampfer sollen etwa 10—11 Knoten laufen und erhalten 224 000 Mark jährliche Subvention.

Sehr interessant und lehrreich ist die folgende Tabelle über die im Jahre 1896 seitens der verschiedenen europäischen Postdampferlinien durch den Suez-Kanal gebrachten Passagiere und Güter.

Name der Gesellschaft	Zahl der Durchfahrten	Insgesamt betrugen		Jeder Dampfer brachte im Durchschnitt:	
		die Güter t	die Fahrgäste	Güter in t	Fahrgäste
Peninsular & Oriental	162	502 448	21 669	3102	133
Messageries Maritimes	107	237 034	19 023	2215	177
Norddeutscher Lloyd	53	218 547	8 707	4123	165
Nederland	53	122 986	4 936	2320	93
Rotterdamscher Lloyd	54	102 272	3 769	1892	70
Navigazione Generale	51	97 062	4 014	1903	78
Oesterreichischer Lloyd	48	119 071	1 910	2474	40
Russische Freiw. Flotte	37	100 347	20 517	2445	513
Compañia trasatlántica	27	75 999	6 046	1935	146

Diese Zusammenstellung zeigt, dass die Dampfer des Norddeutschen Lloyd verhältnismässig die meiste Ladung führten, sie haben fast ebensoviel Güter fortgeschafft als die französischen Dampfer, welche doppelt so oft gefahren sind. Im Passagierverkehr nehmen sie die zweite Stelle ein, denn, abgesehen von den russischen Dampfern, welche meistens Soldaten beförderten, folgen sie in der Besetztheit mit Fahrgästen gleich nach den französischen Dampfern, die regelmässig ebenfalls Truppentheile nach Tonkin überführten. Gerade der letztere Umstand, d. h. die hohe Zahl der wirklichen Reisenden, spricht für die Beliebtheit der deutschen Dampfer, deren besonders auf die Tropenfahrt berechnete Cajütseinrichtungen sich allseitiger Anerkennung erfreuen, deren musterhafte Reinlichkeit genügend bekannt ist, die stets eine ebenso vorzügliche wie reichhaltige Küche führen und deren wohldisziplinierte Besatzung im Umgange mit den Fahrgästen immer zuvorkommend und freundlich auftritt.

II. Amerikanische Linien.

10. St. Francisco-Linie. Die Pacific Maïl Steamship Co. und die Occidental & Oriental Steamship Co. in St. Francisco gehören mit 20 grösseren Eisenbahngesellschaften im südwestlichen Teile der Vereinigten Staaten und dem nordwestlichen Mexico zu einem Konsortium unter dem Namen Southern Pacific Co. Beide Dampfergesellschaften verfügen zusammen über 20 Dampfer mit 56 400 Brutto Reg.-Tons und 38 000 indicierten Pferdestärken, wovon die hintenstehenden 8 in etwa 10 tägigen Zwischenräumen die Reisen nach den Sandwichs-Inseln, Japan und China antreten. Die Dampfer sind zum grössten Teile schon älteren Datums und laufen nicht viel über 10 bis 11 Knoten.

11. Die Tacoma-Linie. Die Northern Pacific Steamship Co. in Tacoma schliesst sich an die gleichnamige Bahn an. Die 5 Dampfer derselben sind von der Eisenbahngesellschaft bloss gechartert. Es sind zur Zeit nur Frachtdampfer, wie schon aus dem Verhältnis ihrer 14 947 Brutto Reg.-Tons zu den 8715 indicierten Pferdestärken hervorgeht. Die dreiwöchentlich von Tacoma nach Yokohama und Hongkong abgefertigten Dampfer laufen, wie die aus St. Francisco kommenden, höchstens etwa 10 bis 11 Knoten.

Die vorgenannten beiden amerikanischen Gesellschaften sind die einzigen Postdampferlinien, welche keine Subvention beziehen. Sie werden von den betreffenden Eisenbahngesellschaften unterhalten, weil für diese die Dampferverbindung mit Ostasien namentlich des Güterverkehrs wegen eine Lebensfrage ist. Wie viel Zuschuss besonders die Northern Pacific-Dampfer erfordern, ist nirgends bekannt gegeben, — ganz wenig kann es indessen nicht sein. Dagegen sollen sich die Pacific Mail und Occidental & Oriental-Dampfer, welche mit dem Passagierverkehr eine ausgedehnte Küsten- und Frachtfahrt verbinden, ziemlich frei fahren, was bei ihrer geringen Geschwindigkeit, die sich wenig über die eines Frachtdampfers erhebt, auch glaublich erscheint.

12. Die Vancouver-Linie. Die englische Regierung subventioniert die von Victoria auf der Vancouver-Insel, dem westlichen Endpunkte der Canadian Pacific-Bahn, im Sommer drei- im Winter vierwöchentlich nach Yokohama und Hongkong abgehenden Dampfer. Zu dieser Linie gehören die in der hintenfolgenden Liste aufgeführten 8 Schiffe mit 28227 Brutto Reg.-Tons und 37700 indicierten Pferdestärken. Nach Ostasien fahren nur die grösseren von ihnen, die kleineren sind auf Zwischenlinien beschäftigt.

III. Asiatische Linien.

13. Die London-Linie. Die Nippon Yusen Kaisha in Tokio besitzt heute bereits 66 Dampfer, sie hat zur Zeit, wie schon erwähnt wurde, 12 grosse Dampfer in England in Bau, nach deren Fertigstellung noch weitere 6 in Bestellung gegeben werden sollen, womit ihre Gesamtzahl auf 84 und ihre Gesamträumte auf 229000 Brutto Reg.-Tons mit 154000 indicierten Pferdestärken steigen werden. Bis zum Anfange dieses Jahres gingen die japanischen Dampfer nur monatlich von Yokohama nach London und Antwerpen, seit kurzem haben sie indessen auf dieser Linie 14tägliche Fahrten angefangen. Sie sollen etwa 12 Knoten laufen.

14. Die Odessa-Linie. Sobald die neuen Dampfer der Nippon Yusen Kaisha aus England in Japan eingetroffen sind, will diese Gesellschaft eine weitere europäische Linie Odessa—Yokohama—Wladiwostok ins Leben rufen. Auf den beiden europäischen Linien sollen alsdann die in der hintenstehenden Tabelle genannten Dampfer beschäftigt werden.

15. Die Seattle-Linie. Im vorigen Jahre hat die Nippon Yusen Kaisha auch eine in Seattle am Puget Sound endigende Linie nach Nordamerika eröffnet. Sie steht mit der Great Northern Railroad Co. in Verbindung, die ihre

Reisenden bis Duluth am Superior-See befördert, sie dann der Northern Steamship Co. übergiebt, welche sie über den Superior-, Huron- und Erie-See nach Buffalo bringt, von wo die Weiterreise nach New York wieder mit der Eisenbahn angetreten wird. Augenblicklich wird diese neue japanisch-amerikanische Linie nur durch 9 $^1/_2$ Knoten laufende, etwas bessere Frachtdampfer aufrecht erhalten, für dieselbe sind indessen die neuen 6 grossen Dampfer bestimmt, welche demnächst auf Stapel gestellt werden sollen.

Wie aus dem Vorstehenden erhellt, sind die Japaner ganz ausserordentlich rührig. Die Nippon Yusen Kaisha, welche bisher nur die Küstenfahrt in Japan sowie nach China und Ostsibirien betrieb, hat nach dem chinesischen Kriege nicht nur die europäische und amerikanische Linie eingerichtet, sondern kürzlich auch eine australische Linie in Betrieb genommen, die aber in Queensland und New South Wales grossem Misstrauen begegnet, weil man dort den Wettbewerb des „gelben Mannes" fürchtet. Erwägt man weiter, dass dieselbe Gesellschaft noch gelegentliche Fahrten nach Cochinchina, den Philippinen, den Fiji-Inseln und den Neuen Hebriden unternimmt, so kann man ihr einen gewissen frischen Wagemut nicht absprechen. Man kann es andererseits aber auch begreifen, dass sie nicht weniger als 10 625 000 Mark jährliche Subvention erhält.

Die Subventionen.

Die von den einzelnen Nationen ihren heimischen Dampfergesellschaften gezahlten Subventionen sind in erster Reihe von der Häufigkeit und Schnelligkeit der Fahrten abhängig. Auch die kürzere oder längere Entfernung zwischen den Endhäfen, sowie die mehr oder minder strengen Vorschriften über die innezuhaltende Pünktlichkeit in den Ankunfts- und Abgangszeiten spielen dabei eine gewisse Rolle.

Was die Häufigkeit der Fahrten anbelangt, so nimmt die P. & O. Co. mit den angeführten wöchentlichen

Verbindungen von London nach Bombay und 14 täglichen nach China und Japan die erste Stelle ein, ihr ebenbürtig sind die von den beiden holländischen Linien gemeinsam bewirkten wöchentlichen Posten nach Batavia, nebst ebenfalls wöchentlichen Anschlüssen von dort nach Singapore zu den hier vorsprechenden Dampfern der P. & O. Co. Etwa 10 täglich fahren die Russen von Odessa und die Amerikaner von St. Francisco; 14 täglich die Franzosen und Japaner, letztere sowohl von Europa wie von Amerika; dreiwöchentlich die Tacoma- und im Sommer auch die Vancouver-Dampfer. Die deutschen, italienischen und spanischen Dampfer machen vierwöchentliche, die österreichischen monatliche und die dänischen sieben- bis achtwöchentliche Fahrten.

Die grösste Geschwindigkeit müssen die französischen Dampfer laut im November 1894 abgeschlossenen Vertrages entwickeln, indem sie von Marseille bis Yokohama 13,5 Knoten und nach Einstellung neuer Dampfer 14 Knoten erreichen sollen. Darauf folgen sogleich die deutschen Postdampfer des Norddeutschen Lloyd, welche bis Colombo 12,6 und von dort bis Shanghai 12 Knoten zu dampfen haben. Sollte der neue Vertrag zu stande kommen, so müssen sie ihre Geschwindigkeit bis Shanghai auf 13 Knoten erhöhen, und neue in diese Linie eingestellte Dampfer sollen 13,5 Knoten laufen. Die neuen Dampfer der Vancouver-Linie machen ebenfalls etwa 13 Knoten; die der P. & O. Co. zwischen Brindisi und Suez bezw. Bombay 12,54, sonst aber nur 11,2 Knoten. Die spanischen und japanischen Dampfer kommen auf eine Durchschnittsfahrt von fast 12, die holländischen auf 11 bis 12 Knoten. Die russischen Dampfer werden aus wirtschaftlichen Gründen auch nur mit 10 bis 12 Knoten getrieben, obgleich ihnen eine für den Kreuzerdienst im Kriege bestimmte, sehr viel höhere Geschwindigkeit innewohnt. Die italienischen und österreichischen Dampfer laufen bis Bombay 11, von dort bis Hongkong bezw. Shanghai, wie vorher ausgeführt wurde, nur 9 Knoten. Etwa 10 Knoten wird die Geschwindigkeit der dänischen Dampfer betragen und so um 10 Knoten herum halten auch die amerikanischen nicht subventionierten Dampfer.

Die längste Strecke haben zur Zeit die deutschen Dampfer bis China und Japan zu durchdampfen, sie beträgt von Bremerhafen bis Shanghai 11560 und bis Yokohama 12280 Sm. Es folgen ihnen die von London kommenden P. & O. und japanischen Dampfer mit etwa 11200 Sm. bis Shanghai bezw. 11800 Sm. bis Yokohama. 10160 Sm. ist die von den französischen Dampfern befahrene Strecke zwischen Marseille und Yokohama lang und 9440 Sm. die von Marseille bis Shanghai. Die spanischen Dampfer müssen von Liverpool bis Manila etwa 10000 Sm. zurücklegen, und ungefähr ebensoweit haben es die Russen von Odessa bis Wladiwostok. Die holländischen von Rotterdam bezw. Amsterdam nach Batavia bestimmten Dampfer kommen auf 9400 Sm., die österreichischen von Triest bis Yokohama verkehrenden Dampfer haben jedesmal eine Strecke von etwa 9700 Sm. vor sich, und die italienischen von Genua nach Hongkong fahrenden Dampfer durchlaufen etwa 8000 Sm. Dagegen betragen die Entfernungen zwischen Nordamerika, d. h. dem Puget Sound oder Vancouver einerseits und Hongkong, Yokohama, Honolulu andrerseits nur 7600 Sm. bezw. 5800 bezw. 2400 Sm.; die direkte Strecke von Vancouver bis Yokohama hat nur eine Länge von 3400 Sm.

In der Pünktlichkeit der Ankunfts- und Abgangszeiten sind die deutschen Dampfer unübertroffen, sie kommen meistens schon 1 bis 2 Tage früher an, als sie vertragsmässig eintreffen müssen, und damit ist auch die durch den neuen Vertrag von ihnen geforderte Geschwindigkeit vollkommen gewährleistet.

Die meisten der hier in Betracht kommenden Dampfergesellschaften unterhalten ausser den ostasiatisch-australischen Postdampfern noch andere subventionierte Linien, jedoch sind die für letztere gezahlten Beträge in den hinten angeführten Summen nicht eingeschlossen, diese umschliessen vielmehr nur die für den ostasiatischen Verkehr festgesetzten Subventionen.

Die grösste Subvention empfängt von den europäischen Linien die P. & O. Co. mit 5 432 500 Mk. von der englischen und 400 000 Mk. für die Zweiglinie Venedig-Brindisi-Port Said von der italienischen Regierung, zusammen also 5 832 500 Mk. Dabei stehen ihre Dampfer bezüglich der Schnelligkeit nur etwa in der Mitte von allen, und haben kürzere Strecken zurückzulegen als die deutschen.

Die nächsthöchste Summe beziehen die Messageries Maritimes mit 4 868 026 Mk. Fahren ihre Schiffe auch nicht so häufig wie die englischen, so sind sie denselben doch in der Geschwindigkeit streckenweise um 2 bis 3 Knoten überlegen.

Nun folgt der Norddeutsche Lloyd mit 2 170 000 Mk., welche Summe sich nach Annahme der neuen Dampfervorlage um 1 500 000 Mark, also auf 3 670 000 Mk. erhöhen würde. Deutschland hätte dann wie Frankreich eine 14 tägliche Verbindung mit Ostasien und zwar durch Dampfer, die etwa gleich schnell fahren, dabei aber jährlich 1,2 Millionen Mark weniger Subvention beanspruchen würden, trotzdem sie in ihren 26 jährlichen Reisen rund 140 000 Sm. mehr zurückzulegen hätten, als die von Marseille ausgehenden französischen Dampfer.

Spanien zahlt an die Compañia Trasatlántica für die vierwöchentliche Verbindung von Barcelona nach Manila 1 514 433 Mk. und verlangt nur eine Geschwindigkeit von 12 Knoten. Da die von Liverpool abfahrenden Dampfer nebenbei eine hübsche Summe an Frachtkosten für englische Güter einnehmen, so erscheint diese Linie als eine der bestbedachten.

Die russische Freiwillige Flotte erhält seit Beginn dieses Jahres für ihre etwa 10 täglichen Fahrten rund 1 500 000 Mk., was bei der Geschwindigkeit von 10—12 Knoten und der langen Reisestrecke recht bescheiden aussieht. Es ist aber schon darauf hingewiesen, wie in anderer Weise für eine ausreichende Dividende bei diesem Unternehmen gesorgt wird.

Für die Vancouver-Linie muss England bei dreiwöchentlichen Reisen im Sommer und vierwöchentlichen im Winter mit etwa 13 Knoten Geschwindigkeit 1 230 000 Mk. ausgeben, eine Summe, die angesichts der nur rund 5300 Sm. betragenden Entfernung zwischen Vancouver und Shanghai gegenüber der von den deutschen Dampfern zwischen Bremerhafen und Shanghai zurückzulegenden mehr als doppelt so langen Strecke und der sehr bedeutenden Ersparnis an den entfallenden Suez-Kanalabgaben recht reichlich genannt werden muss.

Dem österreichischen Lloyd werden für seine monatlichen Fahrten von Triest bis Shanghai mit der Zwischenlinie Colombo-Calcutta bei 11 bezw. 9 Knoten Geschwindigkeit 1 225 484 Mk. vergütet, ein ebenfalls als sehr ansehnlich zu bezeichnender Betrag.

Die italienische Navigazione Generale erhält für ihre vierwöchentlichen Reisen von Genua nach Hongkong bei ebenfalls 11 bezw. 9 Knoten Fahrt die als völllig ausreichend anzusehende Summe von 1 052 195 Mk.

Recht mässig unterstützt erscheinen dagegen die beiden wöchentlich gemeinsam mit etwa 11 Knoten nach Batavia fahrenden holländischen Linien, denn sie beziehen zusammen bloss 707 200 Mk. Mit dieser geringen Unterstützung können sie nur deshalb auskommen, weil sie einerseits viele Regierungsgüter, Kriegsmaterial u. s. w. zu anständigen Frachten nach den Kolonien bringen, und andererseits an den zwischen diesen und dem Mutterlande beständig verkehrenden Geschäftsleuten, Beamten und Militärs einen festen Stamm von Fahrgästen haben.

Die höchste Subventionssumme von allen wird der Nippon Yusen Kaisha — der Kaiserlich japanischen Post — von ihrer Regierung entrichtet, für ihre europäischen, amerikanischen und asiatischen Postdampferfahrten bezieht sie jährlich 10 625 000 Mk. Sieht man die gewaltigen Anstrengungen, welche dieses Land macht, um sich für seine heimischen Erzeugnisse im gesamten Osten Absatzgebiete zu erobern, und zieht dabei seine überaus billigen Produktionsverhältnisse in Betracht, so kann man sich nicht wundern, dass die grossen europäischen Industriestaaten auf ihrer Hut sein müssen und an die zukünftige Ernährung ihrer zahlreichen Bevölkerung zu denken haben.

Angesichts der rund 31 Millionen Mark betragenden jährlichen Subventionssumme, welche die verschiedenen Nationen zur Unterhaltung ihrer Postdampferverbindungen mit Ostasien aufbringen, ist die Frage wohl berechtigt, weshalb diese Beihilfen nötig sind, da doch eine grosse Anzahl von Frachtdampferlinien ohne dieselben bestehen kann?

Die Antwort darauf lautet, dass die Subventionen erforderlich werden:

1. Durch die höhere Fahrgeschwindigkeit der Postdampfer,
2. durch ihre verhältnismässig geringen Fahrpreise,
3. durch die Pünktlichkeit ihres Betriebes,
4. durch die Suez-Kanalabgaben.

Die Maschinenstärke eines Dampfers wächst nach einem allgemeinen Gesetz mit der dritten Potenz der Fahrgeschwindigkeit. Da der Kohlenverbrauch der Maschinenstärke durchschnittlich proportional ist, so wächst er in der gleichen Weise. Die Stärke der Maschine bedingt nun aber ihre Grösse und damit auch bis zu einem gewissen Grade die Grösse des Dampfers, während der Kohlenverbrauch den weitaus grössten Teil der Betriebskosten verursacht. Es lässt sich daher auch behaupten: Bau- und Betriebskosten der Maschine nehmen mit der dritten Potenz der geforderten Schiffsgeschwindigkeit zu. Zur Erläuterung diene folgender Vergleich zwischen einem 9 Knoten fahrenden Frachtdampfer und einem gleich grossen aber 13 Knoten laufenden Postdampfer, für welche sich die Maschinenstärken und die Kohlenverbräuche, also auch die Maschinen-Baukosten nebst ihren jährlichen Betriebskosten wie $9^2 : 13^2 = 729 : 2197$ oder fast genau wie $1 : 3$ verhalten. Berücksichtigt man nun nicht die jährlichen Betriebskosten, sondern nur diejenigen für eine Aus- und Heimreise, so hätte man noch zu bedenken, dass der schnellere Postdampfer sein Ziel in kürzerer Zeit erreicht, als der langsamere Frachtdampfer, mithin eine Anzahl von Tagen weniger zu dampfen hat. Unter diesem Gesichtspunkte verhalten sich die Kohlenverbräuche für die gleichen zurückgelegten Strecken etwa wie die Quadrate der angewendeten Schiffsgeschwindigkeiten, bei unserem Beispiel also wie $9^2 : 13^2 = 81 : 169$ oder rund wie $1 : 2$. Nimmt man den Durchschnittspreis der Kohlen auf ostasiatischen Reisen mit 18 Mk. für die Tonne an, dann muss der Postdampfer schon allein auf der Ausreise 2000 t Kohlen für 36000 Mk. verbrennen, während der gleich grosse Frachtdampfer nur 1000 t für 18000 Mk. verbraucht. Aber noch in anderer Hinsicht ist der Frachtdampfer im Vorteil. Er hat bei gleicher Wasserverdrängung sehr viel grössere Laderäume und kann demnach beträchtlich mehr Güter mitnehmen als der Postdampfer, dessen umfangreiche Maschinenanlage mehr Raum beansprucht, und der ausserdem die doppelte Kohlenmenge an Bord haben muss. Endlich hat der schnelle Postdampfer noch ein grösseres Maschinenpersonal zu löhnen und zu verpflegen, so dass er sich seinem beträchtlich langsamer fahrenden Nebenbuhler gegenüber wirtschaftlich in jeder Hinsicht im Nachteil befindet. Wäre der Postdampfer gezwungen, diese Nachteile aus eigenen Kräften auszugleichen, so müsste er, besonders auf weniger verkehrsreichen Strecken, so ungewöhnlich hohe Fahrpreise erheben, dass er selbst bald mehr ein Verkehrshindernis als ein Beförderungsmittel bilden würde. Wesentlich höhere Frachtsätze als sein langsamerer Mitbewerber kann er nicht erzielen, abgesehen von einem geringfügigen Teile besonders wertvoller bezw. ihrer Beschaffenheit nach möglichst rasch zu befördernder Güter. Ja er muss sich in vielen Fällen mit Rücksicht auf seine Fahrgäste die

Mitnahme von feuergefährlichen oder stark riechenden Gütern versagen, deren es eine grosse Anzahl giebt, und mit teilweise leeren Laderäumen weiter fahren. Auch die Pünktlichkeit, mit welcher die Dampfer der Post wegen ihre Abfahrtszeiten innehalten müssen, nötigt sie oft genug, entweder Güter zurückzulassen, die sie nicht so schnell übernehmen können, oder auf die Beförderung grosser Mengen zu verzichten, weil sie sich im Bestimmungshafen nicht so schnell löschen lassen, wie es der beschränkte Aufenthalt verlangt.

Gilt schon im Eisenbahnverkehr der Grundsatz, die Tarife möglichst niedrig zu halten und die Haupteinnahme aus der Güterbeförderung zu ziehen, so gilt dies in noch höherem Grade im Dampferverkehr mit weit entfernten und noch nicht vollständig erschlossenen Ländern. Demnach sind die Fahrpreise für Cajütspassagiere von Europa nach den ostasiatischen Häfen verhältnismässig viel billiger als die nach den Vereinigten Staaten von Nordamerika. Dorthin fährt man heute von den Kanalhäfen die rund 3000 Sm. betragende Strecke in etwa 7 Tagen höchst angenehm und luxuriös für ungefähr 450 Mk. im Winter und etwa 550 Mk. im Sommer. Für den fast viermal längeren Weg von Bremerhafen nach Shanghai, auf welchem der Reisende eine sechsmal längere Zeit, nämlich 42 Tage, verpflegt wird, sind für eine Fahrkarte I. Klasse nur 1570 Mk. zu zahlen, während sie nach dem dafür Gebotenen im Vergleich mit der Reise nach New York etwa das Doppelte kosten müsste. Verhältnismässig höher sind die Preise auf den Postdampfern anderer Nationen, die zum überwiegenden Teile erst aus einem Mittelmeerhafen ihre Reisen beginnen. Sind sie dagegen wesentlich geringer, so haben die Dampfer entweder eine beträchtlich niedrigere Geschwindigkeit, oder die Fahrt wird nur zum Teil in der ersten, zum andern Teile dagegen in der zweiten Cajüte zurückgelegt. Endlich werden wie auf den ziemlich billigen russischen und den noch billigeren japanischen Dampfern auch wohl die Verpflegung und der Komfort mässiger sein, als auf den tadellos gehaltenen deutschen Dampfern.

Wie aus den billigen Ueberfahrtspreisen hervorgeht, sind alle Nationen eifrig bestrebt, ihren Angehörigen den Besuch der ostasiatischen Länder möglichst zu erleichtern, um den in Industrie und Handel beschäftigten Personen Gelegenheit zu bieten, jene wichtigen Absatzgebiete aus eigener Anschauung kennen zu lernen. Sie erfahren an Ort und Stelle den Geschmack der Abnehmer ihrer Waren leichter und gründlicher als aus Briefen und Berichten; sie empfangen Anregungen bezüglich der Herstellung ihrer Artikel in solcher Form oder Aufmachung, dass sie den Käufern begehrenswerter erscheinen; ja sie lernen die Nebensächlichkeiten kennen, denen man keinen Wert beimisst, wonach sich manche Gegenstände vereinfachen und billiger anfertigen lassen, mithin wettbewerbsfähiger werden. Umgekehrt ermöglicht der billige Fahrpreis den im Osten ansässigen Kaufleuten den häufigen und regelmässigen Verkehr mit der Heimat und damit die ununterbrochene Fühlung mit der vaterländischen Industrie.

Die Fahrpreise der ostasiatischen Postdampfer erscheinen auch noch um deswillen besonders billig, weil die New York - Dampfer unterwegs keine Gebühren zu entrichten haben, während die ersteren die Suez-Kanalgebühren bezahlen müssen, welche z. B. für einen Dampfer der „Barbarossa"-Klasse des Norddeutschen Lloyd für eine einzige Durchfahrt 71000 Frcs. betragen. Diese Abgabe in Verbindung mit den Betriebs- und Verpflegungskosten lässt die baren Auslagen der Gesellschaften derart anschwellen, dass ein Dampfer der genannten Klasse auf einer ostasiatischen Rundreise von Bremerhafen nach Shanghai und zurück zwischen 7- bis 800 000 Mk. Unkosten verursacht. Selbst die viel kleineren Dampfer der „Prinz Heinrich"-Klasse kosten auf einer derartigen Reise noch 6- bis 700 000 Mk.

Der Schutz des Handels.

Die in den hintenstehenden Tabellen aufgeführten 158 Postdampfer, welche heute den europäisch-ostasiatischen Verkehr vermitteln, stellen ungefähr ein Kapital von einer halben Milliarde Mark dar. Rechnet man hierzu noch die Werte, welche in den nach tausenden zählenden Frachtdampfern und Segelschiffen angelegt sind, die entweder die Küstenschiffahrt in Ostasien betreiben oder der Güterbeförderung von dort über See dienen, so kommt mehr als ein und eine halbe Milliarde europäischen Kapitals zusammen. Zu seinem Schutze unterhalten selbst diejenigen fremden Mächte, welche nicht wie England, Frankreich, Holland, Russland und Spanien ihren dortigen Länderbesitz zu schützen haben, als da sind Deutschland, Oesterreich und die Vereinigten Staaten von Nordamerika, in den ostasiatischen Gewässern mehr oder minder zahlreiche Geschwader.

England hat augenblicklich in jenen Gegenden nicht weniger als 31 verschiedene Kriegsschiffe und 6 Torpedoboote versammelt.

Russlands Flotte ist der Zahl nach ebenso gross, indessen nicht so stark. Sie besteht aus 30 Schiffen und Fahrzeugen nebst 7 Torpedobooten.

Die grösste Anzahl von Kriegsfahrzeugen hat augenblicklich Spanien wegen des auf den Philippinen herrschenden Aufstandes in den angrenzenden Gewässern unter der Flagge. Es sind zusammen 39 Fahrzeuge, allerdings zum grössten Teile nur kleine, für die Küstenbewachung dienende Kanonenboote.

Sehr weit zurückstehend in der Schiffszahl ist das nächststärkste von den Franzosen unterhaltene Geschwader, dasselbe umschliesst nur 7 Schiffe, welche aber zusammen über verhältnismässig viele Geschütze gebieten.

Die Vereinigten Staaten von Nord-Amerika entsandten 6 Schiffe und die Holländer sind mit einem Panzerschiffe und 4 Kreuzern II. Klasse vertreten.

Deutschland erscheint erst an siebenter Stelle mit einem Panzerkreuzer, 2 Kreuzern II. Klasse, 1 Kreuzer III. Klasse und 1 Kreuzer IV Klasse.

Den Beschluss macht Oesterreich mit 2 Schiffen. Italien und Dänemark haben zur Zeit kein Kriegsschiff im Stillen Ocean.

Die Gesamtzahl der zum Schutze nationaler Interessen in Ostasien versammelten Kriegsschiffe stellt sich zur Zeit auf 138 mit fast 1400 Geschützen aller Grössen. Der Wert dieser Kriegsschiffe in ihrem völlig ausgerüsteten Zustande mit der Munition, dem Proviant u. s. w. beträgt weit über eine halbe Milliarde Mark, welche den in Postdampfschiffen, Frachtdampfern und Segelschiffen angelegten Summen zugefügt werden muss, wenn das gesamte in jenen Gegenden schwimmende fremdländische Vermögen aufgerechnet werden soll.

Nun lässt sich doch nicht gut annehmen, dass die verschiedenen Seemächte derartige gewaltige Kapitalien festlegten, um nur „der schönen Augen der Asiaten" wegen den Verkehr mit ihnen aufrecht zu erhalten! Sehr viel näher liegt der Schluss, dass die einzelnen Völker in Ostasien entweder ein grosses Absatzgebiet für die Erzeugnisse ihrer heimischen Gewerbe zu finden hoffen, oder dass sie die dortigen Landesprodukte, sei es zum direkten Verbrauch, sei es zur Veredelung eigener Fabrikate, nötig haben. Man braucht hierbei nicht an die Industrie allein zu denken, auch die Landwirtschaft ist dabei beteiligt, denn anders ist es nicht erklärbar, wie ackerbautreibende Länder mit einer verhältnismässig geringfügigen Industrie, z. B. Oesterreich und Dänemark, auf den Gedanken gekommen sind, eine subventionierte Postdampferlinie nach Ostasien zu unterhalten.

Wiederholt ist angeregt worden, eine deutsche schwimmende Ausstellung zu veranstalten, die sich über die ganze

Erde von Hafen zu Hafen begiebt, um den anderen Nationen die Leistungsfähigkeit unserer Industrie möglichst eindringlich vor Augen zu führen. Kann es nun wohl ein besseres Zeugnis für die Schöpfungskraft unserer heutigen Gewerbe geben, als einen riesig grossen, auf einer vaterländischen Werft erbauten Postdampfer? Derselbe zeigt nicht nur, dass sich der Schiffbau, der Maschinenbau und die Elektrotechnik in Deutschland auf der Höhe der Zeit befinden, sondern er führt auch den Beschauern in der Einrichtung und Ausstattung seiner Kammern und Säle die Entwickelung der verschiedenen Kunstgewerbe vor. Sie können dort geschmackvoll ausgeführte Metall-, Holz-, Stoff-, Porzellan- und Glas-Arbeiten bewundern, können sich erfreuen an geschickt ersonnenen Dekorationen und harmonisch abgestimmten Interieurs.

Richtet sich der Sinn der Besucher mehr auf das Praktische als auf das Künstlerische, so findet auch diese Richtung reichliche Befriedigung in der Besichtigung der sauberen und praktischen Küchenanlagen, der Dampfkoch- und Dampfback-Apparate, sowie der Kaltluftanlagen, Eismaschinen, Bäder u. dergl. m. Eine bessere Empfehlung für alle Zweige der deutschen Industrie, wie sie in einem festgefügten, mit wohlgefälligen Formen und gut gehaltenem Aeussern die besten Seeeigenschaften vereinigenden stolzen Dampfer verkörpert sind, lässt sich gar nicht denken! Wenn nun noch ein solches Schiff mit seinen eleganten Linien eine Riesengrösse umschliesst, wie die neuesten grossen Dampfer des Norddeutschen Lloyd, so lässt sich das Aufsehen begreifen, das sie bei ihrem ersten Auftreten im Auslande überall hervorriefen. Jedesmal haben Tausende von Menschen stundenlang auf ihre Ankunft gewartet, und jedesmal mussten sie während der Tage ihres Aufenthaltes im Hafen eine wahre Völkerwanderung von Besuchern über sich ergehen lassen. Leider wird im deutschen Binnenlande über solche Vorkommnisse kaum gesprochen, draussen aber ist es ein Ereignis, welches dem blödesten Auge erkenntlich macht, dass die Deutschen nicht nur Bücher zu schreiben und Schlachten zu schlagen verstehen, sondern dass sie auch in technischen Dingen Meister sind.

Zur Zeit giebt es von diesen Riesenschiffen mit mehr als 10 000 Brutto Reg.-Tons überhaupt nur 13. Zwei davon, die Schnelldampfer „Campania" und „Lucania" führen die englische Flagge und der noch auf Stapel stehende „Oceanic" wird sie später setzen; 2 andere Schnelldampfer „St. Louis" und „St. Paul" zeigen die amerikanischen Sterne und Streifen, über den übrigen 8 weht die deutsche Flagge. Davon gehören 2 der Hamburg-Amerika-Linie und 6 dem Norddeutschen Lloyd. Von den beiden Hamburger Riesendampfern wird einer in der Heimat gebaut, die sechs Bremer sind sämtlich auf deutschen Werften erstanden. Deutschland besitzt demnach nicht nur die grösste Anzahl der grössten Schiffe, sondern hat sie auch zum überwiegenden Teile selbst gebaut. Diese grossartige, einzig dastehende Entwickelung der deutschen Dampfschiffahrt und durch dieselbe des deutschen Schiffsbaues hat vor einem Vierteljahrhundert, bei der Gründung unseres Reiches, noch niemand ahnen können! Wir verdanken sie in erster Reihe der Unternehmungslust des deutschen Kaufmannes, der Schaffenskraft des deutschen Ingenieurs und der Tüchtigkeit des deutschen Seemannes! Vergessen wir aber auch die Opfer nicht, welche das deutsche Volk in Gestalt der vom Reichstage bewilligten Dampfersubventionen alljährlich gebracht hat, um solche Triumphe feiern zu können.

Möchten unsere vielbeneideten grossartigen Fortschritte auf diesen Gebieten auch fernerhin zum Wohle unseres Vaterlandes nicht zum Stillstande kommen!

In der sich dem Vortrage anschliessenden Diskussion ergreift zunächst das Wort Herr Generalsekretär Landtagsabgeordneter Bueck: Meine Herren, wenn ich mir nach den ausgezeichneten Ausführungen des Herrn Vorredners noch für einige Augenblicke Ihre Aufmerksamkeit erbitte, so geschieht es, um gewissermaassen vom wirtschaftlichen Standpunkt aus und vom Standpunkt der Industrie, von der einen grossen Teil ich wirtschaftlich im Deutschen Reiche zu vertreten die Ehre habe, einige Worte zu gunsten der geplanten Dampfersubvention hier zu sprechen. Ich möchte mir gestatten, die Notwendigkeit unserer Postdampferlinien — die Notwendigkeit einer Subvention solcher hat der Herr Vorredner schon in genügendem Maasse dargelegt — von einem grossen wirtschaftlichen Gesichtspunkte aus zu begründen.

Wir haben in Deutschland seit 30 Jahren einen ganz gewaltigen wirtschaftlichen Aufschwung, der besonders an der ausserordentlichen Zunahme unserer Gütererzeugung, an einer kaum glaublichen Vermehrung unseres Nationalvermögens und nicht zum mindesten an der Besserung der Lage des allergrössten Teiles des Volkes, der arbeitenden Klassen, in die Erscheinung tritt. Es wird ja von der sozialdemokratischen Partei in Deutschland das Gegenteil behauptet, es wird behauptet, dass unsere arbeitenden Klassen immer mehr dem Pauperismus verfallen. Diese alte Lehre der Sozialdemokratie wird, wie die neueste Zeit gelehrt hat, auch schon in der Sozialdemokratie selbst von den aufgeklärteren, möchte ich sagen, von den wissenschaftlich gebildeten Genossen bekämpft und als unhaltbar dargelegt. Ich möchte daher meine Behauptung als zutreffend erachten, dass unser grosser wirtschaftlicher Aufschwung sich in erfreulichster Weise bethätigt an der Besserung der Lage unserer arbeitenden Klassen, namentlich derjenigen Klassen, die in unserem Gewerbe, in unserer Industrie beschäftigt sind.

Diese bessere Lage ist aber nur aufrechtzuerhalten durch den grossen Export an Gütern, zu dem es unser wirtschaftlicher Aufschwung gebracht hat. Wir haben im vorigen Jahre — in einem Jahre! — 3403 Millionen an Gütern, an gewerblichen Erzeugnissen exportiert, und es ist eine der höchsten und schwierigsten wirtschaftlichen Aufgaben, diesen Export zu erhalten und der Vermehrung unserer Nation entsprechend auch zu vergrössern. Denn, sollte uns das nicht gelingen, werden wir in unserem Export zurückgedrängt, so würde eine grosse Zahl von Arbeitern weniger beschäftigt werden können, und das tritt nicht dadurch in die Erscheinung, dass ein Teil der Arbeiter dann beschäftigungslos wird und der andere Teil in seiner guten Lage verbleibt, sondern es tritt gleichmässig ein Druck auf die arbeitenden Klassen ein, der sich in ihrem wirtschaftlichen Niedergang kennzeichnen würde.

Nun ist es aber ausserordentlich schwierig — von Jahr zu Jahr, von Tag zu Tag wird es schwieriger —, unsern Export aufrechtzuerhalten. Denn selbstredend, mit dem natürlichen Fortschritt der Kultur in denjenigen Ländern, die bisher unsere Erzeugnisse uns abgenommen haben, gehen sie selbst zur Produktion über, sind sie bemüht, ihre Produkte zu schützen und die Einfuhr von uns nach Kräften auszuschliessen. Ein deutliches Zeichen ist die Bewegung in den Vereinigten Staaten, die gestern im Reichstag so eingehend besprochen worden ist. Man ist bemüht, fremde Einfuhr aufs äusserste zu beschränken. Wir haben im Jahre 1895 nach den Vereinigten Staaten einen Export von 360 Millionen gehabt. Wie wir gestern gehört haben, soll der Export im vorigen Jahre noch grösser geworden sein. Nach Grossbritannien und seinen Kolonien haben wir einen Export von 774 Millionen Mark und, wie die noch etwas dunklen Vorgänge in Canada zeigen, scheint man bemüht zu sein, auch dort unsern Export, überhaupt den ausländischen, mehr und mehr zu sperren und damit den deutschen immer mehr zu beschränken. Wir müssen uns diesen Bestrebungen fügen, soweit es von der Notwendigkeit geboten ist, denn die anderen Staaten haben wie wir das Recht, wenn sie bestehende Verträge nicht verletzen, ihre Zollangelegenheiten autonom zu regeln; daher müssen wir uns nach anderen Absatzgebieten umsehen. Da ist es natürlich, dass wir uns nach denjenigen Gegenden wenden, die heute schon ausserordentlich dicht bevölkert, doch in der Kultur noch zurückgeblieben sind, und von denen sich erwarten lässt, dass sie mit dem weiteren Fortschreiten in der Kultur auch weiteren Bedarf haben, und dass wir dort einen Ersatz für das finden werden, was wir an anderen Stellen verlieren.

Dieses Gebiet, das ich im Auge habe, ist Ostasien, und wir sehen, dass unsere besonders gefährlichen Konkurrenten, dass die hauptsächlichsten, gewerbliche Güter erzeugenden Nationen alle Kraft aufwenden, wie es der Herr Vorredner so beredt und anschaulich dargelegt hat, um in diesem Gebiete Fuss zu fassen. Frankreich hat sich die ganze Ostküste von Hinterindien gesichert und damit einen Weg in das südliche China. Russland in seiner unvergleichlichen, niemals von ihrem Ziele abweichenden Politik hat es fertig gebracht, dass es ihm gestattet worden ist, eine Bahn in das nordöstliche China hinein, bis zur Hauptstadt dieses Reiches zu bauen. So ist es zu erklären, dass Deutschland, welches bezüglich seiner Ausfuhr nicht weit mehr hinter Grossbritannien zurücksteht, auch alle Mittel aufwenden muss, um in Ostasien hinter den anderen Ländern nicht zurückzubleiben.

Nun, meine Herren, hat Ihnen der Herr Vorredner dargelegt, dass eins der besten Mittel, um diese Ziele zu erreichen, die Subvention von Postdampferlinien ist. Es muss doch etwas wahres daran sein, da alle Staaten, die im Welthandel eine Rolle spielen wollen, diesen Weg beschreiten.

Der Herr Vorredner hat die Frage aufgeworfen: wieso brauchen wir Postdampferlinien? Wieso können wir den Güterverkehr nicht, wie es in hohem Maasse geschieht, mit gewöhnlichen Dampfern bewirken? Wieso ist es notwendig, dass auf Kosten der Gesamtheit derartige Unternehmungen unterhalten werden? Der Herr Vorredner hat auch die ganz ausreichende Antwort darauf gegeben. Ich möchte mir aber erlauben, doch darauf hinzuweisen, dass wir in dieser Beziehung hinter den anderen Nationen zurückgeblieben sind. Die Summen hat Ihnen der Herr Vorredner genannt; er hat aber auch gesagt, dass selbst das ostasiatische Land, welches jetzt einen so mächtigen Aufschwung, namentlich auf industriellem Gebiete, zeigt, weit mehr als alle übrigen zivilisierten Nationen — und als eine vollkommen zivilisierte Nation können wir Japan nicht ansehen — mehr als andere für seine überseeischen Verbindungen aufwendet, und der Erfolg ist, dass ein Schiffahrtsunternehmen geschaffen ist, das der Herr Vorredner eingehend beschrieben hat, und das sich mit vollem Recht den grössten derartigen Unternehmungen an die Seite stellen kann. Ich habe hier ein kleines Büchlein, welches gewissermaassen als der Prospekt dieser Dampferlinie betrachtet werden kann; es ist eine historische Wiedergabe der Entwickelung dieses Unternehmens; es enthält eine Beschreibung aller der Häfen, die von der Linie angelaufen werden; es sind darin ausführlich alle Bedingungen für die Verfrachtung, für den Passagierverkehr, sehr übersichtliche Landkarten in sehr vortrefflicher Ausstattung, ausserdem eine ungemein übersichtliche Aufführung der Fracht- und der Passagierbeförderungskosten gegeben, so dass man, wenn man dieses Büchelchen in seiner ganzen Ausstattung ansieht, sagen kann, dass die betreffenden Manager dieses Unternehmens auf der Höhe des geschäftlichen Könnens stehen, welches sich an solchen Kleinigkeiten ganz deutlich zeigt. Also wir haben mit Konkurrenten zu thun, die man heute schon — und aus manchen anderen Beziehungen geht das hervor — zu den gefährlichsten rechnen kann, die dem Deutschen Reich in Zukunft erstehen werden. Japanische Erzeugnisse konkurrieren heute schon auf dem deutschen Markte. Ich erinnere an gewisse Sorten von Seidenzeug, die so billig bei uns verkauft werden, dass der hiesige Fabrikant, wenn er sie zu demselben Preise verkaufen wollte, nicht einmal die Rohseide bezahlt bekäme. Zahn- und Nagelbürsten kommen schon in grossen Mengen aus Japan nach Deutschland und machen unseren Fabrikanten grosse Konkurrenz. Unsere Streichhölzer sind aus den Straits Settlements und aus Ostasien vollständig verdrängt worden durch die japanischen Produkte.

Nun komme ich auf die Frage zurück: wozu haben wir solche Reichspostdampferlinien notwendig? Denn das Subventionieren ist fast nicht nötig voranzustellen nach dem klaren und untrüglichen Nachweise des Herrn Vorredners, dass es überhaupt Postdampferlinien ohne Subvention nicht giebt. Ich möchte den Gründen des Herrn Vorredners noch ein Moment hinzufügen. Diesen Nationen, auf deren Kundschaft wir spekulieren, muss gewissermaassen auch äusserlich etwas vorgeführt werden; die sind nicht kühl berechnend wie der zivilisierte Kaufmann, der allein nach der Güte der Ware und nach dem Preise sieht, sondern sie wollen ein gewisses Prestige des Landes gewahrt sehen, sie wollen wissen, dass die Nation, von der sie Waren kaufen sollen, auf derselben Höhe der äusseren Erscheinungen, der äusseren Machtentfaltung steht, wie die anderen Nationen, die mit ihr konkurrieren. Wenn deutsche Postdampfer nicht in jenen Ländern erschienen und stolz die deutsche Reichsflagge zeigten, ich glaube nicht, dass es unsern Kaufleuten gelingen würde, in dem Maasse als unsere Vertreter erfolgreich zu funktionieren, wie sie es jetzt thun, nachdem sie mit einem gewissen Selbstgefühl darauf hinweisen können, dass auch die deutsche Nation mit allen übrigen in gleicher Weise zu repräsentieren versteht und in gleicher Weise das Ansehen des Heimatlandes hochzuhalten weiss, wie es die anderen Nationen durch ihre Postdampferlinien thun. Das ist für mich ein so wesentliches Moment, dass ich es beinahe an die Seite aller der ziffernmässigen und schlagenden Argumente stellen möchte, die der Herr Vorredner angeführt hat.

Wenn ich auf meinen Ausgangspunkt zurückkomme, wenn wir die schwierige Aufgabe vor uns sehen, unseren Export zum Wohle unseres ganzen wirtschaftlichen Lebens und unserer arbeitenden Klassen zu erhalten, wenn ich zu der Ueberzeugung gelangt bin, dass diese Subvention, die wir unsern Reichspostdampfern geben, dazu ein wirksames, bedeutungsvolles Förderungsmittel ist, so muss ich gestehen, dass mir das Verständnis dafür fehlt, dass eine Summe von 1 $^1/_2$ Millionen Anstoss erregen kann, auf diesem Wege fortzufahren und eine Verdoppelung der Erscheinung unserer Reichsdampfer in den dortigen Häfen herbeizuführen. Ich bin der Ansicht, dass es ein Fehler wäre, wenn wir das nicht thun wollten.

Nun wird von der anderen Seite behauptet, dass der Nachweis nicht zu führen ist, dass unsere Reichspostdampferlinien unsern Export gefördert haben. Ja, dass der Export in bedeutendem Maasse zugenommen hat, seitdem wir die Reichspostdampferlinien haben, ist eine unleugbare Thatsache. Unsere Ausfuhr ist von 1885 bis 1895 — das ist die Zeit, in der wir die subventionierten Dampfer laufen lassen — von 181 Millionen auf 313 $^1/_2$ Millionen Doppelzentner, also fast auf das Doppelte, gewachsen, von rund 16 $^1/_2$ Millionen Mark auf 34 $^1/_2$ Millionen Mark im Werte; nach Japan von 140 Millionen Doppelzentner auf 616 Millionen, also auf das 4 $^1/_2$ fache, im Wertbetrage von 4 $^1/_2$ Millionen auf 26 Millionen Mark; nach Australien von 238 Millionen auf 1138 Millionen Doppelzentner und dem Werte nach von rund 8 Millionen auf 23 Millionen Mark. Ich beschränke mich auf diese wenigen Zahlen; Zahlen sind in einem Vortrage sehr schwer zu verdauen; die kann man nicht mit dem Gehör, sondern nur mit den Augen aufnehmen, man muss sie vor sich haben. Aber diese wenigen Zahlen werden Ihnen zeigen, dass während der Einrichtung unserer subventionierten Dampferlinien unsere Ausfuhr nach den ostasiatischen Ländern und nach Australien ausserordentlich zugenommen hat. Die Gegner haben nun freilich recht: es lässt sich der ziffernmässige Nachweis nicht führen, in welchem

Grade die Postdampferlinien dazu beigetragen haben; aber, wenn wir alle anderen Umstände, die der Herr Vorredner angeführt hat, in Betracht ziehen, und wenn Sie die Güte haben, die wenigen Argumente, die ich mir noch hinzuzufügen erlaubt habe, auch gelten zu lassen, so, glaube ich, wird man annehmen müssen, dass auf diesem Wege eine wirkliche Förderung unserer Ausfuhr nach den ostasiatischen Ländern zu erreichen ist, und ich spreche den Wunsch und die Hoffnung aus, dass diese Ueberzeugung in immer weitere Kreise eindringen wird, und dass das Deutsche Reich — das würde ja die Konsequenz der Ablehnung dieser Vorlage sein — nicht in die schamvolle Lage versetzt werden wird, bei Ablauf der bereits bewilligten Periode die Reichspostdampferlinien wieder einzuziehen und mit Hohn und Spott eine Stellung aufzugeben, die das Deutsche Reich in seiner Machtfülle zu erlangen nach meiner Ueberzeugung voll berechtigt ist.

Unterstaatssekretär Fischer: Meine Herren, wenn ich mich zum Worte gemeldet habe, so glaube ich, dem Wunsche unseres verehrten Herrn Vorsitzenden, es möchte sich ein Gegner des Vortrages zum Worte melden, meinerseits nicht nachkommen zu können. Sie werden auch von mir als einem Mitgliede des Reichspostamts nicht verlangen, dass ich gegen den Vortrag hier auftreten soll, der so wirksam und nachdrücklich für ein Ziel eintritt, welches von dem verewigten Staatssekretär Dr. v. Stephan seinerzeit aufgestellt worden ist, nämlich die Einrichtung, die Ausbildung und die Vermehrung deutscher Postdampferlinien nach Ostasien. Ich habe mir vielmehr das Wort erbeten, um mich den Dankesbezeugungen anzuschliessen, die der Herr Vortragende für seinen, dem Inhalt nach ebenso gediegenen, wie der Form nach anziehenden Vortrag reichlich verdient hat.

Ich glaube, im Sinne der hier anwesenden Verkehrsbeamten mit Dank anerkennen zu dürfen, dass es dem Herrn Vortragenden gelungen ist, ein gegenwärtig im Vordergrunde des Interesses stehendes Kapitel des modernen Verkehrswesens uns in einer so anschaulichen und lehrreichen Weise recht eigentlich vor Augen zu führen, dass es ihm aber auch gelungen ist, uns einen vollen Eindruck von dem Ernst und der Schärfe des Konkurrenzkampfes zu geben, der auf diesem Gebiete zwischen allen Völkern herrscht.

Ich möchte an diesen Ausdruck des Dankes aber auch zugleich noch eine Bitte knüpfen. Die Liberalität des Herrn Vortragenden hat schon dafür gesorgt, dass wir einen Teil dessen, was wir gehört haben, nicht bloss schwarz auf weiss, sondern schwarz-weiss-rot in Gestalt dieser sehr dankenswerten Karte mit nach Hause nehmen können. Aber meine Wünsche gehen weiter. Ich glaube mich nicht zu täuschen, dass das Material, das der Herr Vorredner hier vorgeführt hat, in der Litteratur, wenn überhaupt, nur sehr mühsam und aus sehr verschiedenartigen Quellen sich zusammenstellen lässt. Wir haben bei der Reichspostverwaltung wohl einzelne Beiträge geliefert in den Uebersichten über die Postdampferverbindungen; wir haben auch gelegentlich in den Beiheften zum Amtsblatt Aufsätze gebracht, die in ähnlicher Weise den Anteil Deutschlands an dem Verkehr des Auslands schilderten; es giebt in amerikanischen und englischen Büchern auch manches, was man wohl heranziehen könnte; — aber, meine Herren, mir ist nichts bekannt, das für das jetzt vorliegende wichtige Kapitel eine so wichtige Grundlage einer sachlichen Entscheidung böte, als der Vortrag, den wir soeben gehört haben, und ich spreche den Wunsch aus, dass es dem Herrn Vortragenden gefallen möge, diesen Vortrag in Bälde durch den Druck zu veröffentlichen, weil ich mir davon versprechen darf, dass eine solche Schrift wesentlich für die sachgemässe Erledigung der gegenwärtig dem Reichstage vorliegenden Postdampfervorlage beitragen könnte.

Prinz von Arenberg: Ich möchte dem geehrten Herrn Vorredner mitteilen, dass nach Beschluss des Vorstandes alle hier gehaltenen Vorträge gedruckt werden, und im Hinblick auf die grosse Wichtigkeit dieses Vortrages werde ich dafür sorgen, dass eine geeignete Anzahl von

Exemplaren sowohl dem Reichspostamt wie dem Reichstage übermittelt wird.

Unterstaatssekretär Fischer: Mit den Tabellen!

Geh. Reg.-Rat Professor Busley: Die statistischen Tabellen kann ich dazu geben; die Dampfertabellen müssten photographiert werden.

Geheimer Kommerzienrat Vogel (Chemnitz): Wenn ich auch zu denjenigen gehöre, die nicht in der Lage sind, gegen die Vorlage zu sprechen, sondern meine volle Sympathie für alles, was die geehrten Herren Vorredner vorgetragen haben, ausspreche, so möchte ich doch nicht, dass der heutige Abend verginge, ohne eines Artikels zu gedenken, den seiner Zeit eine grosse Hamburger Zeitung gebracht hat, betitelt „Die Kingsin-Linie gegenüber dem Norddeutschen Lloyd". In diesem Artikel wird ausgeführt, dass diese Linie weit Besseres und Vorzüglicheres geleistet habe, als der Norddeutsche Lloyd, dass sie in einem Jahre ebensoviel Waren befördert habe als der Norddeutsche Lloyd, der subventioniert sei in 7 Jahren, dass die Kingsin-Linie auf eigenen Füssen stehe und hohe Dividenden gebe und dass daraus folge, dass eine Subvention des Norddeutschen Lloyd in keiner Weise notwendig sei. Diese Schlussfolgerung ist meiner Ueberzeugung nach eine vollständige Verkennung der Thatsachen und der Aufgaben eines Postdampfers, der subventioniert ist, der regelmässig seine Fahrten macht. Alle die Gründe, die der erste Herr Redner überhaupt ins Feld geführt hat, haben mit der Güterbeförderung im allgemeinen nichts gemein. Es ist eine alte Erfahrung, dass der Flagge der Handel folgt; und dass diese Flagge in regelmässigen, pünktlichen Zeiträumen sich überall zeigt, wo der deutsche Handel hingeht, ist eine unbedingte Notwendigkeit.

Es ist ausgeführt worden, dass die gewöhnlichen Frachtdampfer nicht nöthig haben, ganz bestimmte Zeiten einzuhalten, nicht zur prompten Beförderung der Post oder Passagiere gegen Strafe verpflichtet sind, ganz andere Beweglichkeit haben, als der subventionierte Norddeutsche Lloyd;

sie sind nicht Post- u. Passagierdampfer sie sind Frachtdampfer zur Güterbeförderung! Auch was der Herr Vorredner gesagt hat, dass nämlich der Staatssekretär von Stephan, einer der grössten Förderer unseres Verkehrs, für diese Linie eingetreten ist, ist ein schwerwiegender Beweis für die Nützlichkeit und die Notwendigkeit ihres Bestehens. Aber weit mehr von Bedeutung ist die Thatsache, dass ein Kulturland, welches vollständig auf freihändlerischem Standpunkt steht, England, die Subvention nicht verschmäht. Denn gerade von der Seite, welche am meisten unsere Handels- und Schutzzollpolitik bekämpft, der freihändlerischen, wird betont, dass England das Muster aller merkantilen Einrichtungen sei, und dasselbe England, das eine viel grössere Flotte hat als wir, hält es für unbedingt notwendig, dass Subventionen gegeben werden, und darum würde es eine Thorheit und eine Kurzsichtigkeit gegen unsere ganzen Verkehrseinrichtungen, gegen unsere Flotte, unsern Handel und unsere Industrie sein, wenn die Subvention nicht gewährt würde. Deshalb bin auch ich unbedingt dafür, dass diese Subvention vom Reichstage dem Lloyd in der unbedeutenden Summe von $1^1/_2$ Millionen gewährt werde.

Dr. Scharlach (Hamburg): Meine Herren, gestatten Sie auch mir eine Bemerkung. Nicht erwähnt ist ein Umstand, welchen ich von besonders grosser Bedeutung in der Subventionsfrage halte. Es ist der Zusammenhang innerhalb der gesammten Schiffahrt überhaupt und der Schiffahrt mit dem Schiffbau. Wenn wir den Verkehr mit den überseeischen Ländern in unserer eigenen Hand haben wollen, wie es jetzt als Aufgabe unseres Volkes zweifellos anerkannt ist, so unterliegt es keiner Frage, dass wir auch mit denjenigen bevorzugten Verkehrsmitteln Schritt halten müssen, welche andere Völker auf gewissen Linien haben. Es ist ein Irrtum, zu glauben, man könne auf die Dauer mit minderwertigen Schiffen sich diejenigen Linien erhalten, welche von anderen Völkern zum Teil mit besseren Schiffen befahren werden. Es ist deshalb, wenn wir überhaupt unsere Schifffahrt auf der Höhe der internationalen Schiffahrt erhalten wollen, eine unbedingte Notwendigkeit, dass sie auch in ihren besten Mitteln mit den besten Mitteln anderer Völker muss konkurrieren können. Nur dann werden auch die gewöhnlichen Frachtfahrer, sich ständig auf der Höhe in Bezug auf das Frachtfahren und den Handelsbetrieb anderer Völker halten können, wenn wir unsere besten Schiffe mit den besten Schiffen der anderen Nationen gleichwertig sein lassen. Und, meine Herren, es ist ein fester Zusammenhang in Bezug auf die Güte unserer Schiffe mit dem Schiffbau. Es handelt sich nicht nur darum, dass wir überhaupt auf unseren Werften jetzt gelernt haben und im stande sind, die besten Schiffe zu bauen, sondern, wenn unsere nationale Schiffahrt vermöge der ihr gewährten Subvention im stande ist, fortdauernd das beste Material auf deutschen Werften bauen zu lassen, so wird dadurch diesen deutschen Werften die Möglichkeit erhalten, auch das übrige Schiffsmaterial in genügender Güte zu bauen. Andererseits ist es sicher, dass, wenn wir nicht auf der Höhe des Schiffbaues bleiben, wenn wir nicht auch das allerbeste Material auf deutschen Werften bauen, wir auch für die Herstellung des gewöhnlichen Materials nach und nach zurückgehen. Denn nur der, der das Höchste und Vollkommenste leisten kann, ist in der Lage, mit dem Gewöhnlichen und Ueblichen der Konkurrenz standzuhalten. Deshalb die unabweisbare Notwendigkeit, um unsere Handelsmarine einerseits auf der Höhe zu halten, andererseits in der Lage zu sein, auf eigenen Werften auch die Kriegsmarine ständig vervollkommnen zu können, dass wir Subventionen bewilligen, welche die grossen Linien in den Stand setzen, ihrerseits die grossen und schnellen Schiffe zu bauen, welche sie aus eigenen Betriebsmitteln und aus den Leistungen der Tagesfahrt gar nicht bauen und aufrechterhalten können. Wollen wir also überhaupt Schritt halten mit den andern Nationen, dann ist meines Erachtens gar keine Frage, dass wir heranmüssen an die Subvention, und da soll man sich nicht irre machen lassen dadurch, dass, wie ich gelesen habe, im Reichstage gesagt worden ist: ja, es ist ja noch für 5 Jahre der Subventionsvertrag mit dem Lloyd in Kraft. Dieser Vertrag genügt heute nicht mehr. Ueber diesen Vertrag hinaus haben die anderen Nationen schon viel weitergehende Schritte gemacht, und wenn wir pari passu bleiben wollen, müssen wir und zwar sofort weitergehen. Denn gerade das, was ich gesagt habe, dass, um unsern Schiffbau auf der Höhe halten zu können, fortwährend vorangegangen werden muss mit dem Bau dieser erstklassigen Schiffe, das spricht unmittelbar dafür, die Subvention zu bewilligen, damit wir eben die besten Schiffe weiterbauen können.

Vorsitzender Prinz von Arenberg: Meine Herren, ich möchte mir nur eine einzige Bemerkung erlauben. Ich glaube, dass bei Beurteilung dieser Frage es weniger darauf ankommt, nachzuweisen, um wie viel die von der subventionierten Linie transportierten Waren zugenommen haben, obwohl ja der Beweis dieser Zunahme heute abend erbracht ist, als vielmehr den Zusammenhang nachzuweisen zwischen der ausserordentlichen Zunahme unseres Exports und überhaupt unseres Handels mit Ostasien und zwischen dieser subventionierten Linie. Es ist gar nicht zu leugnen — das ist ja auch heute abend aus den Vorträgen der verschiedenen Herren hervorgegangen und ist auch hervorgegangen aus den Mitteilungen im Reichstage —, dass seit der Schaffung dieser subventionierten Linie aus den verschiedenen Gründen, die angeführt sind, unser Handel mit Ostasien sehr bedeutend zugenommen hat, und das ist eigentlich das thema probandum. Unmittelbar durch die subventionierten Dampfer kann ja die Zunahme des Handels mit Ostasien nur in sehr beschränktem Grade gefördert werden; denn schliesslich haben die Schiffsgefässe eine Grenze und mit Rücksicht auf ihre Fahrzeit sind sie in der Aufnahme von Waren beschränkt. Die Hauptsache ist, dass durch die Existenz dieser Linie, durch die Grossartigkeit und die Vollkommenheit der Einrichtungen, die Pünktlichkeit der Fahrt das Ansehen des deutschen Handels und Verkehrs in jenen Gegenden gefördert worden ist, und dadurch der deutsche Handel mit jenen Gegenden ausserordentlich zugenommen hat.

Geheimer Oberpostrat Kraetke: Ich wollte mir nur ein paar Worte hinzuzufügen gestatten zu dem, was Herr Dr. Scharlach ausgeführt hat, und die Gründe anzugeben, weshalb die Reichsregierung gerade jetzt für eine Vermehrung der Fahrten und eine Aenderung des Vertrags eintritt, obgleich der Vertrag bis 1901 läuft. Es ist von Herrn Dr. Scharlach hervorgehoben worden, dass das Material auf solchen Linien ein gleiches sein muss, wenn der Wettkampf gelingen soll. Die Reichsregierung hat die Ueberzeugung gewonnen, dass den konkurrierenden Linien gegenüber — und von diesen kommen lediglich die Franzosen und Engländer in Betracht — die Waffen ungleich sind. Die Franzosen sind, wie den Herren bekannt, dazu übergegangen, den Vertrag, der bis weit in das 20. Jahrhundert hineinreicht, schon jetzt vorzeitig zu ändern und zu verlangen, dass auf den Linien leistungsfähigere Schiffe verwendet werden, dass ein Neubau von Schiffen stattfindet. Der englische Vertrag, der ja vielseitig schon erwähnt worden ist, läuft mit dem Jahre 1898 ab, und die englische Regierung hat bei der Aufforderung zum Angebot solche Bedingungen gestellt, dass die neuen Unternehmer viel leistungsfähigere Schiffe einstellen müssen. Während jetzt, wie bereits angeführt ist, auf den Linien nur eine Geschwindigkeit von etwas mehr als 11 Knoten gefordert wird, sollen künftig Schiffe laufen, die mindestens 13 Knoten zurücklegen. Die französischen Dampfer haben bereits diese Geschwindigkeit von 13 und $13^{1}/_{2}$ Knoten und sollen eine solche von 14 Knoten entwickeln. Nun würde das ja vollständig unwirtschaftlich gewesen sein, wenn wir abwarten wollten, bis der Vertrag abgelaufen wäre. Es würde dadurch unsere Linie in den Ruf kommen, eine minderwertige zu sein. Ich würde den Herren aus den Akten der Reichspostverwaltung nachweisen können, wie viel Beschwerden und Klagen von wirklich patriotisch gesinnten Leuten im Osten eingegangen sind. Sie schreiben: wir können unsere Korrespondenz mit den deutschen Dampfern nicht schicken; der deutsche Dampfer geht 2 Tage vor dem französischen von Shanghai ab; aber die Briefe kommen 2 Tage später als die, welche wir mit dem französischen Dampfer schicken, an, und was nützt aller Patriotismus, wenn wir gegenüber unseren Konkurrenten in Nachteil geraten! Sollen wir uns solchen Klagen gegenüber, die wir als vollständig begründet anerkennen und gegen die wir keine Abhilfe haben, vollständig schweigend verhalten! Das können wir nicht!

Bei den Erwägungen, wie Abhilfe zu schaffen, kam in Betracht, dass die deutschen Linien von vornherein schon insofern im Nachteil sind, als die englischen und französischen Schiffe in 14 tägigen Zwischenräumen fahren, während die deutschen alle vier Wochen laufen. Es ist dadurch den anderen Linien möglich gewesen, einen vollständig regelmässigen wöchentlichen Dienst einzurichten, so dass für bestimmte Tage — und für jeden, der im Auslande gereist hat, wird es klar sein, wie wichtig es ist, dass an einem bestimmten Tage Posttag ist — ein Dampfer fällig ist, und wir also nicht mit ihnen konkurrieren können. Des Dienstags geht, will ich einmal sagen, ein deutsches Schiff ab, regelmässig Donnerstags geht ein fremdes Schiff ab: mit diesem Schiff schicken die Leute, weil sie sicher sind, dass der Lieferant darauf rechnen kann: an dem und dem Wochentage kommt der Brief an. Also es kam in Frage, die Linie zu verbessern erstens dahin, dass wir schnellere und leistungsfähigere Schiffe haben, so dass schneller gefahren werden kann, und zweitens, dass unsere Postschiffe in ähnlichen Zwischenräumen laufen, wie die ausländischen Dampfer. Das sind die Hauptgründe, die dahin gewirkt haben, jetzt schon, bevor der Vertrag abgelaufen ist, an die gesetzgebenden Körperschaften mit dieser Vorlage heranzutreten.

Geheimer Regierungsrat Busley (Schlusswort): Zunächst möchte ich den Herren des Reichspostamts meinen verbindlichsten Dank aussprechen für die thatkräftige Unterstützung, die ich bei ihnen gefunden habe. Ich habe sie sehr häufig aufgesucht und viel gefragt, weil ich der Verkehrspolitik ziemlich fremd gegenüber stand. Wenn mir auch der Schiffbau und der Dampferbetrieb bekannt war, so lag mir doch der besondere Postverkehr in seiner wirtschaftlichen Bedeutung ferner. Hierüber haben mich die Herren in der liebenswürdigsten Weise aufgeklärt und mir ausreichendes Material zur Verfügung gestellt.

Meine Herren, über den Streit, der zwischen der Kingsin-Linie und dem Norddeutschen Lloyd ausgebrochen ist, möchte ich zur Tagesordnung übergehen. (Sehr richtig!) Auf die von dieser Linie dem Reichstage vorgelegten Eingaben soll von dem Norddeutschen Lloyd in eingehendster Weise geantwortet worden sein.

Ich freue mich, bei Herrn Rechtsanwalt Dr. Scharlach so viel Verständnis dafür zu finden, dass die nach Annahme der Subventionsvorlage in die ostasiatische Linie einzustellenden neuen Schiffe nur erstklassige Dampfer sein dürfen. Seit Jahren ist der Norddeutschen Lloyd bemüht, wie aus der betreffenden Tabelle der deutschen Linien im Vergleich zu denen der anderen Nationen klar zu ersehen, in dieser Weise vorzugehen. Sie ist vorläufig die einzige subventionierte Linie, welche 4 Dampfer von mehr als 10000 Brutto Reg.-Tons aufweisen kann. Ein fünftes noch grösseres Schiff ist heute in Stettin abgelaufen und das sechste wird in kurzer Zeit bei F. Schichau in Elbing vom Stapel gelassen. Soweit mir bekannt ist, liegt es in der Absicht des Norddeutschen Lloyd, falls die Dampfer-Subventionsvorlage zur Annahme gelangen sollte, noch 4 ähnliche Riesenschiffe auf vaterländischen Werften erbauen zu lassen. Wir Deutschen können über dieses Vorhaben nur hocherfreut sein! (Bravo!)

Vorsitzender Prinz von Arenberg: Es hat sich niemand mehr zum Worte gemeldet. — Ich glaube, meine Herren, dass nach meinem unmaassgeblichen Ermessen dem Vortrage kein grösseres Lob erteilt werden kann, als dass er ein Resumé der heutigen Verhandlungen unnötig macht.

Ich glaube, dass jeder, der dem Vortrage des Herrn Geheimrats Busley und den Ausführungen der übrigen Herren beigewohnt hat, sich über die Opportunität und Nützlichkeit für die Notwendigkeit einer Subvention für diese ostasiatische Linie vollständig klar geworden ist. Nach meinem unmaassgeblichen Ermessen möchte ich es für unmöglich halten, die Notwendigkeit dieser Subvention zu bestreiten, und ich werde mir nicht herausnehmen, den Ausführungen des Herrn Geheimrats Busley gegenüber zur Sache noch etwas hinzuzufügen oder irgend eine Aufklärung oder Ergänzung zu geben. Ich erlaube mir im Namen der Versammlung, insbesondere im Namen unserer Mitglieder ihm den wärmsten und verbindlichsten Dank auszusprechen.

Ich schliesse die Sitzung.

Uebersichts-Tabelle der Postdampferlinien.

I. Europäische Linien.

1. Deutsche Linien.

Dampfschiffs-Gesellschaft.	Linie.	Subvention.	Vertragsmässige Geschwindigkeit. Seemeil.	Häufigkeit der Fahrten.	Fahrtdauer (ab Berlin) Tage bis	Fahrpreis I. Klasse.	Bemerkungen.
Norddeutscher Lloyd	a) Bremerhafen-Antwerpen-Southampton-Genua-Neapel-Port Said-Suez-Aden-Colombo-Singapore-Hongkong-Shanghai	2170000 M.	12,6 zwischen Neapel und Colombo, im übrigen 12	4 wöchentlich	Shanghai 35	Bremen-Shanghai 1570 M. Neapel-Shanghai 1435 M.	Bei Annahme der neuen Subventionsvorlage erhöht sich die Subvention um 1,5 Millionen Mark, die Geschwindigkeit für die Linie a) auf 13 Knoten u. für neu zu erbauende Schiffe auf 13,5 Knoten.
	b) Singapore-Batavia-Berlinhafen-Friedrich-Wilhelmshafen-Stephansort-Finschhafen-Herbertshöhe-Stephansort-Friedrich-Wilhelmshafen-Berlinhafen-Macassar-Batavia-Singapore		9	8 wöchentlich	Stephansort 47 Herbertshöhe 54	Singapore-Stephansort 425 M. Singapore-Herbertshöhe 470 M.	
	c) Hongkong-Yokohama-Hiogo-Nagasaki-Hongkong		11,5	4 wöchentlich	Yokohama 35	Bremen-Yokohama 1570 M. Neapel-Yokohama 1435 M.	

2. Englische Linien.

Peninsular and Oriental Steam Navigation Company	a) London - Gibraltar - Malta - Brindisi - Port Said - Ismailia - Aden - Bombay	5 492 500 M. {	Brindisi-Bombay 12,54	14 täglich	Bombay 17	London-Bombay 1124 M. Brindisi-Bombay 1025 M.
	b) London-Brindisi-Port Said-Ismailia-Aden-Colombo-Penang-Singapore-Hongkong-Shanghai		Brindisi-Port Said 12,54 Suez-Shanghai 11,20	14 täglich	Shanghai 38	London-Shanghai 1507 M. Brindisi-Shanghai 1404 M. einschl. Expressz. von London bis Brindisi 1756 M.

3. Französische Linien.

Compagnie des Messageries Maritimes	a) Marseille-Port Said-Suez-Djibouti-Colombo-Singapore-Saigon-Hongkong-Shanghai-Kobe-Yokohama	4 868 026 M. {	13½ nach Erbauung neuer Schiffe 14	14 täglich	Shanghai 33—35 Yokohama 38—40	Marseille-Shanghai 1372 M. Marseille-Yokohama 1372 M.
	b) Marseille-Port Said-Suez-Aden-Bombay-Colombo-Singapore-Saigon-Hongkong-Shanghai-Kobe-Yokohama		13			
	c) Colombo-Pondichéry-Madras-Calcutta		11,5	4 wöchentlich	Calcutta 26	Marseille-Calcutta 1000 M.
	d) Singapore-Batavia-Samarang		11,5	14 täglich	Batavia 28	Marseille-Batavia 1240 M.

Uebersichts-Tabelle der Postdampferlinien.

Dampfschiffs-Gesellschaft.	Linien.	Subvention.	Vertragsmässige Geschwindigkeit. Seemeil.	Häufigkeit der Fahrten.	Fahrtdauer (ab Berlin) Tage bis	Fahrpreis I. Klasse.	Bemerkungen.
4. Italienische Linien.							
Peninsular and Oriental Steam Nav. Comp.	Venedig - Brindisi - Port Said	400 000 M.	11	3 wöchentlich	Port Said 6	Venedig-Port Said 246 M.	bis Bombay I. Kl. 820 M.
Navigazione Generale Italiana	Genua-Livorno-Neapel-Messina-Alexandrien-Port Said-Suez-Aden-Bombay-Singaporc-Hongkong	1 052 195 M.	10—11	bis Bombay 4 wöchentlich	Bombay 21	1220 M.	
			9	v. Bombay ab monatlich	Hongkong 43		von Bombay bis Hongkong II. Kl. 400 M.
5. Niederländische Linien.							
Stoomvaart Maatschappij Nederland	a) Amsterdam-Southampton - Genua - Port Said-Suez-Padang-Batavia	353 600 M.	11	14 täglich	Batavia 30	1360 M.	
Rotterdanscher Lloyd	b) Rotterdam-Southampton-Marseille-Port Said-Suez-Padang-Batavia	353 600 M.	11	14 täglich	Batavia 30	1360 M.	

6. Oesterreichische Linien.

Oester-reichischer Lloyd	a) Triest-Brindisi-Port Said-Suez-Aden-Bombay	496 487 M.	11	monatlich	Bombay 16	Triest-Bombay 850 M.	b.Bombay I. Kl. v.Bombay II. Kl.
	b) Triest-Fiume-Port Said-Suez-Aden-Kurrachee-Bombay-Colombo-Penang-Singapore-Hongkong-Shanghai-Kobe	638 984 M.	9	monatlich	Shanghai 61	Triest-Shanghai 1189 M.	
	c) Colombo-Madras-Calcutta	95 013 M.	9	monatlich	Calcutta 46	Triest-Calcutta 1011 M.	

7. Russische Linien.

Freiwillige Flotte	a) Odessa-Constantinopel-Port Said-Perim (Aden)-Colombo-Singapore Nagasaki-Wladiwostok		10 bis 12	10 täglich	Wladiwostok 46	Odessa-Wladiwostok 1000 M.
	b) Wladiwostok - Nagasaki-Shanghai-Hankow-Singapore-Batavia-Madras-Colombo-Perim (Aden)-Port Said-Constantinopel-Odessa	1 500 000 M.				

8. Spanische Linien.

Compañia Tras-atlántica	a) Barcelona-Port Said-Suez - Aden - Colombo - Singapore-Manila	1 494 041 M.	12	4 wöchentlich	Manila 39	1170 M.

Uebersichts-Tabelle der Postdampferlinien.

Dampfschiffs-Gesellschaft.	Linien.	Subvention.	Vertrags-mässige Geschwindigkeit. Seemeil.	Häufigkeit der Fahrten.	Fahrtdauer (ab Berlin) Tage bis	Fahrpreis I. Klasse.	Bemerkungen.
	b) Singapore-Manila (im Anschluss an die französ. Linie 3a)	20 394 M.	10	4 wöchentlich	Manila 29-32	?	

9. Dänische Linie.

Dampfschiffs-Gesellschaft.	Linien.	Subvention.	Vertrags-mässige Geschwindigkeit. Seemeil.	Häufigkeit der Fahrten.	Fahrtdauer (ab Berlin) Tage bis	Fahrpreis I. Klasse.	Bemerkungen.
Dansk-Ostasiatisk Handelskompagni	Copenhagen-Antwerpen-Colombo-Hongkong-Shanghai	224 000 M.	10 bis 11	7 bis 8 wöchtl.	Shanghai 70	?	In der Bildung begriffen

II. Amerikanische Linien.

Dampfschiffs-Gesellschaft.	Linien.	Subvention.	Vertrags-mässige Geschwindigkeit. Seemeil.	Häufigkeit der Fahrten.	Fahrtdauer (ab Berlin) Tage bis	Fahrpreis I. Klasse.	Bemerkungen.
a) Pacific Mail Steamship Company b) Occidental and Oriental SteamshipCo.	San Francisco-Honolulu-Yokohama-Hiogo-Nagasaki-Shanghai-Hongkong	keine Subvention	10 bis 11	ungefähr alle 10 Tage (im Jahre 1896 38 Fahrten)	Yokohama 32 Shanghai 39 Hongkong 42	1581 bis 2016 M.	je nach Cajüte.
c) Northern PacificSteam-shipCompany	Tacoma-Victoria-Yokohama-Kobe-Hongkong	keine Subvention	10 bis 11	3 wöchentlich	Yokohama 32 Hongkong 41	?	

d) Canadian Pacific Line	Vancouver - Yokohama - Kobe - Nagasaki - Shanghai - Hongkong	1 230 000 M.	etwa 13	Sommer: 3 wöchentlich Winter: 4 wöchentlich	Yokohama 33 Shanghai 38	1497 bis 1640 M.	je nach Lage der Cajüte.

III. Asiatische Linien.

Nippon Yusen Kaisha	a) Yokohama-Hongkong-Singapore-Colombo-Port Said - Marseille - London - Antwerpen	10 625 000	12	14 täglich	Yokohama 40	918 M.	bis Antwerpen.
	b) Yokohama-Odessa		Vorläufig 9½, später nach Fertigstellg. neuer Dampf. 12	14 täglich	Yokohama 40	?	
	c) Yokohama - Honolulu - Seattle		12	14 täglich	Yokohama 32	935 M.	bis Antwerpen.

Deutsche Linie.
Norddeutscher Lloyd.

Schiffsname	Abmessungen in m Länge	Breite	Vermess.-Tiefe	Tonnengehalt in Register-tons Brutto	Netto	Indicierte Pferde-stärken	Maschine System		Baujahr	Bauort	Erbauer	Art des Propellers	Geschwindig-keit in Knoten
Friedrich d. Grosse	159,41	18,32	10,60	10536	6765	7000	2	Quadruple	1896	Stettin	Act.-Ges. „Vulcan"	2 Schrauben	14½
Barbarossa	160,45	18,30	10,56	10769	6386	7000	2	Quadruple	1896	Hamburg	Blohm & Voss	2 Schrauben	14½
Bremen	161,00	18,0	10,60	10700	6500	7000	2	Quadruple	1896	Danzig	F. Schichau	2 Schrauben	14½
Königin Luise	159,13	18,34	10,61	10567	6755	7000	2	Quadruple	1896	Stettin	Act.-Ges. „Vulcan"	2 Schrauben	14½
Prinz Heinrich	138,78	15,30	9,10	6263	3942	5000	2	Triple	1894	Danzig	F. Schichau	2 Schrauben	15½
Prinz Regent Luitpold	138,78	15,30	9,10	6592	4576	5000	2	Triple	1894	Danzig	F. Schichau	2 Schrauben	15½
Preussen	139,39	13,72	9,30	5615	3992	3500		Triple	1886	Stettin	Act.-Ges. „Vulcan"	1 Schraube	14½
Bayern	134,16	13,80	9,30	5343	3779	3500		Triple	1886	Stettin	Act.-Ges. „Vulcan"	1 Schraube	14½
Sachsen	134,16	13,90	9,30	5026	3119	3500		Triple	1886	Stettin	Act.-Ges. „Vulcan"	1 Schraube	14½
Hohenzollern	107,26	12,04	9,20	3288	2175	2300		Triple	1873	Hull	Earle's Shipb. & Eng. Co.	1 Schraube	13
Stettin	96,10	10,80	6,54	2478	1704	1500		Triple	1886	Stettin	Act.-Ges. „Vulcan"	1 Schraube	12½

Englische Linie.
Peninsular & Oriental Steam Navigation Company.

Schiffsname	Abmessungen in m Länge	Breite	Tiefe Vermess.	Tonnengehalt in Registertons Brutto	Netto	Indizierte Pferdestärken	Maschine System	Baujahr	Bauort	Erbauer		Art des Propellers	Geschwindigkeit in Knoten
India	152,30	16,40	11,19	8000	—	11000	Triple 4 Cyl.	1896	Greenock	Caird & Co.	1	Schraube	19
China	152,55	16,50	7,86	7899	4165	11000	Triple 4 Cyl.	1896	Belfast	Harland & Wolff	1	Schraube	19
Caledonia	148,49	16,52	7,89	7558	3529	11000	Triple 5 Cyl.	1894	Belfast	Harland & Wolff	1	Schraube	19
Australia	141,73	15,91	8,05	6901	3540	10000	Triple	1892	Belfast	Harland & Wolff	1	Schraube	18
Himalaya	141,91	15,91	8,05	6898	3597	10000	Triple	1892	Belfast	Harland & Wolff	1	Schraube	18
Oceana	142,76	15,85	8,17	6188	3175	7500	Triple	1888	Belfast	Harland & Wolff	1	Schraube	17½
Arcadia	142,76	15,88	8,17	6603	3674	7500	Triple	1888	Belfast	Harland & Wolff	1	Schraube	17½
Victoria	141,97	15,83	8,02	6527	3454	7500	Triple	1887	Greenock	Caird & Co.	1	Schraube	17½
Britannia	141,97	15,83	8,02	6525	3413	7500	Triple	1887	Greenock	Caird & Co.	1	Schraube	17½
Socotra	137,16	15,91	9,30	6500	4000	4000	2 Triple	1896	Newcastle	Palmers' Co. Lim.	2	Schrauben	14
Rome	136,91	13,63	10,21	5545	3022	6000	Comp. 4 Cyl.	1881	Newcastle	Palmers' Co. Lim.	1	Schraube	17
Peninsular	125,12	14,63	5,86	5278	3018	6000	Triple	1888	Newcastle	Palmers' Co. Lim.	1	Schraube	17
Carthage	131,09	13,50	10,21	5198	2893	5250	Comp. 4 Cyl.	1881	Newcastle	Palmers' Co. Lim.	1	Schraube	15
Massilia	128,18	13,75	8,02	5026	2909	5250	Compound	1884	Newcastle	Palmers' Co. Lim.	1	Schraube	16
Valetta	128,18	13,75	8,02	4904	1466	5250	Compound	1883	Newcastle	Palmers' Co. Lim.	1	Schraube	16
Ballarat	128,07	13,11	8,05	4850	2860	5000	Compound	1882	Greenock	Caird & Co.	1	Schraube	15
Parramatta	128,95	13,11	10,02	4886	2854	5000	Compound	1882	Greenock	Caird & Co.	1	Schraube	15
Shannon	121,95	14,05	9,97	4832	2380	4500	Comp. 4 Cyl.	1881	Belfast	Harland & Wolff	1	Schraube	15
Japan	121,08	13,75	9,53	4319	2796	3000	Triple	1883	Greenock	Caird & Co.	1	Schraube	14
Shanghai	106,49	12,80	8,05	3815	2163	2500	Triple	1889	Greenock	Caird & Co.	1	Schraube	13
Egypt projektiert	—	—	—	8000	—	11000	—	—	—	—	1	Schraube	19
Arabia projektiert	—	—	—	8000	—	11000	—	—	—	—	1	Schraube	19

Französische Linie.
Compagnie des Messageries Maritimes.

Schiffsname	Abmessungen in m			Tonnengehalt in Registertons		Maschine		Baujahr	Bauort	Erbauer	Art des Propellers	Geschwindigkeit in Knoten
	Länge	Breite	Vermessungs-Tiefe	Brutto	Netto	Indicierte Pferde-stärken	System					
Adour	112,98	13,11	9,69	3793	2124	2200	Triple	1889	La Seyne	Forges et Chantiers de la Medit.	1 Schraube	14¹/₂
Calédonien	126,15	12,59	10,00	4233	2093	4000	Compound	1882	La Ciotat	Messageries Maritimes	1 Schraube	13¹/₂
Dorlogne	113,20	12,80	10,48	3806	2134	2200	Triple	1889	Havre	Forges et Chantiers de la Medit.	1 Schraube	13¹/₂
Douro	103,00	11,61	7,80	2724	1566	1450	Triple	1889	La Ciotat	Messageries Maritimes	1 Schraube	10
Eridan	97,68	9,84	7,82	1853	927	1400	Compound	1886	La Ciotat	Messageries Maritimes	1 Schraube	11
Ernest Simons	135,00	14,36	11,19	4562	2162	5800	Triple	1893	La Ciotat	Messageries Maritimes	1 Schraube	17
Godavéry	89,18	9,75	7,28	1481	712	1600	3 Cyl. Compound	1883	Bordeaux	Arman	1 Schraube	12¹/₂
Gualalquivir	101,95	11,49	8,75	2620	1520	1450	Triple	1888	Havre	Forges et Chantiers de la Medit.	1 Schraube	11
Melbourne	126,15	12,10	10,00	4080	1947	3400	3 Cyl. Compound	1882	La Ciotat	Messageries Maritimes	1 Schraube	13¹/₂
Natal	126,15	12,10	10,00	4074	1985	3400	3 Cyl. Compound	1882	La Ciotat	Messageries Maritimes	1 Schraube	13²/₂
Océanien	127,00	12,71	9,12	4620	2081	4000	Triple	1884	La Ciotat	Messageries Maritimes	1 Schraube	13¹/₂
Persepolis	82,50	10,73	6,00	1637	1027	1400	Triple	1889	Londonderry	C. J. Bigger	1 Schraube	11
Saghalien	126,15	12,10	10,00	4050	2054	2900	3 Cyl. Compound	1881	La Ciotat	Messageries Maritimes	1 Schraube	13¹/₂
Salazie	126,15	12,71	10,00	4255	2089	4000	Triple	1883	La Ciotat	Messageries Maritimes	1 Schraube	13¹/₂
Sydney	126,15	12,68	10,00	4232	2081	4000	Triple	1883	La Ciotat	Messageries Maritimes	1 Schraube	13¹/₂
Yarra	127,00	12,68	9,36	4255	2084	4000	Triple	1883	La Ciotat	Messageries Maritimes	1 Schraube	13¹/₂

Italienische Linie.
Navigazione Generale Italiana, Società Riunite Florio & Rubattino.

Schiffsname	Abmessungen in m (Länge / Breite / Tiefe-Vermess.)			Tonnengehalt in Registertons (Brutto / Netto)		Maschine (Indicierte Pferdestärken / System)		Baujahr	Bauort	Erbauer	Art des Propellers	Geschwindigkeit in Knoten
Archimede	106,69	12,19	7,96	2853	1659	1570	Compound	1881	Glasgow	A. Stephen & Sons	1 Schraube	12
Bisagno	91,83	11,34	7,10	2303	1499	1006	Compound	1884	Dunbarton	Barrell & Son	1 Schraube	12½
Domenico Balduino	122,01	13,59	9,51	4580	3044	3555	Compound	1882	Newcastle	Palmers Co. Lim.	1 Schraube	14
Letimbro	91,49	11,31	7,49	2202	1417	1011	Compound	1883	Pt. Glasgow	Blackwood & Gordon	1 Schraube	12½
Po	100,50	11,22	7,65	2234	1532	1620	Compound	1880	Glasgow	D.&W. Henderson & Co.	1 Schraube	13
Raffaele Rubattino	121,70	13,41	9,57	4580	3044	2881	Compound	1882	Newcastle	Palmers Co. Lim.	1 Schraube	13
Regina Margherita	120,70	12,80	8,63	3577	1933	5720	Triple	1884	Dunbarton	A. McMillan & Son	1 Schraube	15
Singapore	118,72	12,83	8,84	3685	2432	1670	Compound	1874	Newcastle	C. Mitchell & Co.	1 Schraube	12½

Niederländische Linien.

I. Rotterdamsche Lloyd.

Schiffsname	Abnessungen in m Länge	Breite	Vertiesste-Tiefe	Tonnengehalt in Register-tons Brutto	Netto	Maschine Indicierte Pferde-stärken	System	Baujahr	Bauort	Erbauer	Art des Propellers	Geschwindig-keit in Knoten
Ardjoeno	98,38	11,58	7,83	2604	1877	1400	Quadruple	1894	Vlissingen	Kon. Maats. de Schelde	1 Schraube	12
Bromo	100,58	11,58	7,86	2492	1898	1500	Quadruple	1888	Vlissingen	Kon. Maats. de Schelde	1 Schraube	12
Gedé	106,07	11,58	8,23	2995	2258	2000	Quadruple	1892	Vlissingen	Kon. Maats. de Schelde	1 Schraube	12
Lawoe	95,75	11,22	7,71	2402	2004	1250	Compound	1881	Middlesbro	R. Dixon & Co.	1 Schraube	12
Merapi	101,01	11,19	7,83	2576	1903	1000	Quadruple	1889	Vlissingen	Kon. Maats. de Schelde	1 Schraube	12
Oengaran	98,75	11,26	7,83	2585	2005	1450	Compound	1883	Middlesbro	R. Dixon & Co.	1 Schraube	12
Selak	98,23	11,25	7,83	2612	1888	1800	Quadruple	1891	Vlissingen	Kon. Maats. de Schelde	1 Schraube	12
Sneroe	98,60	11,25	7,71	2551	1900	1600	Triple	1883	Vlissingen	Kon. Maats. de Schelde	1 Schraube	12
Soembing	97,40	11,19	7,71	2549	1992	1250	Triple	1883	Vlissingen	Kon. Maats. de Schelde	1 Schraube	12

II. Stoomvaart Maatschappij „Nederland".

Schiffsname	Länge	Breite	Vertiesste-Tiefe	Brutto	Netto	Indic. Pferde	System	Baujahr	Bauort	Erbauer	Art	Knoten
Konigin Wilhelmina	117,85	13,72	9,14	3500	—	—	Quadruple	1896	Vlissingen	Kon. Maats. de Schelde	1 Schraube	12
Burgemeester d. Tex	106,07	12,00	9,00	3070	2067	2500	Compound	1882	Glasgow	John Elder & Co.	1 Schraube	12
Prinses Amalia	113,80	12,00	9,20	3529	2603	2000	Compound	1874	Glasgow	John Elder & Co.	1 Schraube	12
Prinses Sophie	109,76	13,14	8,44	3580	2557	2000	Triple	1890	Greenock	Caird & Co.	1 Schraube	12
Prinses Marie	100,00	11,50	8,95	2793	2097	1800	Compound	1879	Glasgow	John Elder & Co.	1 Schraube	12
Konigin Regentes	114,63	13,14	8,44	3789	2581	3000	Triple	1894	Greenock	Caird & Co.	1 Schraube	12
Prins Hendrik	109,76	13,14	8,44	3607	2583	2000	Triple	1894	Greenock	Caird & Co.	1 Schraube	12
Prins Alexander	106,07	12,00	9,00	3041	2199	2500	Compound	1881	Glasgow	John Elder & Co.	1 Schraube	12

Oesterreichische Linie.
Dampfschiffahrts-Gesellschaft des österreichischen Lloyd.

Schiffsname	Abmessungen in m Länge	Abmessungen in m Breite	Abmessungen in m Vermess.-Tiefe	Tonnengehalt in Registertons Brutto	Tonnengehalt in Registertons Netto	Maschine Indicierte Pferdestärken	Maschine System	Baujahr	Bauort	Erbauer	Art des Propellers	Geschwindigkeit in Knoten
Marquis Bacquehem	117,35	13,75	8,00	4409	2740	3000	Triple	1893	Triest	Stabilimento Tecnico	1 Schraube	11 1/2
Vindobona	119,05	13,20	8,66	4351	2689	2290	Triple	1892	Stettin	Act.-Ges. „Vulcan"	1 Schraube	11
Gisela	117,35	14,17	8,50	4253	2643	2250	Triple	1892	Sunderland	J. & L. Thompson & Sons	1 Schraube	11 1/2
Maria Valerie	117,35	13,78	8,60	4235	2614	2250	Triple	1892	Dunbarton	W. Denny Bros.	1 Schraube	11 1/2
Imperatrix	118,87	13,72	7,10	4194	2334	4400	Triple	1888	Triest	Lloyd Austro-Ungarico	1 Schraube	14
Imperator	118,87	13,72	7,77	4119	2343	4400	Triple	1886	Triest	Lloyd Austro-Ungarico	1 Schraube	14
Poseidon	115,82	12,95	7,32	3878	2433	3147	Compound	1885	Triest	Lloyd Austro-Ungarico	1 Schraube	13
Amphitrite	115,82	12,95	7,32	3827	2336	3174	Compound	1884	Triest	Lloyd Austro-Ungarico	1 Schraube	13
Elektra	114,30	11,99	8,53	3185	1996	1980	Triple	1884	Triest	Lloyd Austro-Ungarico	1 Schraube	13
Orion	106,68	12,25	6,10	3242	2087	1732	Triple	1889	Middlesbro	R. Dixon & Co.	1 Schraube	12
Medusa	104,54	11,43	7,59	2709	1692	1470	Compound	1882	Triest	Arsenal del Lloyd	1 Schraube	11
Trieste	63,47	9,02	4,57	859	448	900	Triple	1893	Triest	Arsenal del Lloyd	1 Schraube	10

Russische Freiwillige Flotte.

Schiffsname	Abmessungen in m Länge	Breite	Vermess.-Tiefe	Tonnengehalt in Registertons Brutto	Netto	Maschine Indicierte Pferdestärken	System	Baujahr	Bauort	Erbauer	Art des Propellers	Geschwindigkeit in Knoten
Schnelldampfer.												
Orel	131,67	14,63	7,35	4528	2400	9500	2 Triple	1890	Newcastle	Hawthorn Leslie & Co.	2 Schrauben	19
Saratow	133,81	15,24	9,78	5309	2788	10000	2 Triple	1891	Newcastle	Hawthorn Leslie & Co.	2 Schrauben	19
Petersburg	133,81	15,85	9,63	5336	2943	10500	2 Triple	1894	Newcastle	Hawthorn Leslie & Co.	2 Schrauben	19
Cherson	142,95	16,55	10,99	6000	—	13150	2 Triple	1895	Newcastle	Hawthorn Leslie & Co.	2 Schrauben	19,6
N im Bau												
N im Bau												
Postdampfer.												
Chabarowsk	78,94	10,97	38,4	1523	905	1800	2 Triple	1895	Newcastle	Hawthorn Leslie & Co.	2 Schrauben	12½
Kostroma	114,30	12,86	6,37	3513	2291	2600	Triple	1888	Newcastle	Hawthorn Leslie & Co.	1 Schraube	13
Nischni-Nowgorod	98,90	12,37	5,88	3130	2005	1656	Triple	1891	Newcastle	Armstrg. Mitchell & Co.	1 Schraube	11
Tamboff	121,31	13,73	8,60	4361	2786	2500	2 Triple	1893	Dumbarton	W. Denny & Bros.	2 Schrauben	13
Wladimir	131,67	15,18	8,87	5331	3325	3200	2 Triple	1895	Dumbarton	W. Denny & Bros.	2 Schrauben	12,7
Yaroslawl I	89,02	12,40	7,10	2005	1203	2400	3 Cyl. Comp.	1880	La Seyne	Forg. & Chant. d. l. Médit.	2 Schrauben	13
Yaroslawl II	121,31	13,72	8,60	4321	2781	2500	2 Triple	1892	Dumbarton	W. Denny & Bros.	2 Schrauben	13
Woronesch	137,67	15,18	8,87	5331	3325	3200	2 Triple	1896	Dumbarton	W. Denny & Bros.	2 Schrauben	12,7
Kiew	131,98	15,51	8,84	5465	3424	3200	2 Triple	1896	Glasgow	J. & G. Thompson Ld.	2 Schrauben	12,7
St. Petersburg	106,77	12,19	7,92	2897	1738	2000	Compound	1870	Greenock	Caird & Co.	1 Schraube	10
Lieut. Skouratoff	127,71	15,09	8,87	5330	3320	3200	2 Triple	1896	Newcastle	Hawthorn Leslie & Co.	2 Schrauben	12,7
N im Bau												
N im Bau												
N im Bau												

Spanische Linie.
Compañia Trasatlántica.

Schiffsname	Abmessungen in m			Tonnen-gehalt in Register-tons		Maschine		Baujahr	Bauort	Erbauer	Art des Propellers	Geschwindig-keit in Knoten
	Länge	Breite	Vermessungs-Tiefe	Brutto	Netto	Indizierte Pferde-stärken	System					
Colon	134,00	14,11	8,81	5044	3635	3056	Triple 4 Cyl.	1884	Dumbarton	W. Denny & Bros.	1 Schraube	16½
Isla de Luzon	116,40	13,47	9,94	4256	2580	2300	Compound	1882	Southampton	Oswald Medaunt & Co.	1 Schraube	13
Isla de Mindanao	114,75	12,90	10,27	4125	3036	2250	Compound	1881	Barrow	Barrow S. B. Co.	1 Schraube	13¼
Isla de Panay	110,46	13,47	8,90	3545	2400	2350	Compound	1882	Greenock	Scott & Co.	1 Schraube	13½
Leon XIII	125,10	14,65	9,00	5247	3572	2800	Triple	1888	Glasgow	A. & J. Inglis	1 Schraube	15
Monte Video	125,13	14,70	8,96	5297	3673	3200	Quadruple	1889	Dumbarton	W. Denny & Bros.	1 Schraube	14½
P. de Satrustegui	125,00	14,05	9,00	4638	2930	2800	Triple	1890	Glasgow	A. & J. Inglis	1 Schraube	15

St. Francisco-Linien.

I. Pacific Mail S. S. Co.

Schiffsname	Abmessungen in m Länge	Breite	Vermess.-Tiefe	Tonnengehalt in Register-tons Brutto Netto		Maschine Indicierte Pferdestärken	System	Baujahr	Bauort	Erbauer	Art des Propellers	Geschwindigkeit in Knoten
Peru	102,4	14,00	8,40	3528	2540	2800	Triple	1892	San Francisco	Union Iron Works	1 Schraube	14
City of Rio de Janeiro	104,8	11,78	8,81	3548	2275	3800	Compound	1878	Chester, Pa.	J. Roach & Son	1 Schraube	12
City of Peking	128,9	14,63	8,87	5080	3129	4500	1 Cyl. Compound	1874	Chester, Pa.	J. Roach & Son	1 Schraube	14
China	134,11	14,66	10,00	4540	2401	5000	Triple	1889	Glasgow	Fairfield Co. (Limd.)	1 Schraube	14

II. Occidental and Oriental S. S. Co.

Schiffsname	Länge	Breite	Tiefe	Brutto	Netto	Ind. PS	System	Baujahr	Bauort	Erbauer	Propeller	Knoten
Coptic	131,13	12,86	8,96	4352	2744	2500	Compound	1881	Belfast	Harland & Wolff	1 Schraube	12½
Gaelic	131,18	12,92	9,02	4206	2091	3000	Triple	1885	Belfast	Harland & Wolff	1 Schraube	12½
Doric	134,38	13,47	8,90	4676	2936	2500	Compound	1883	Belfast	Harland & Wolff	1 Schraube	12½
Belgic	128,10	12,92	9,02	4212	2695	3000	Triple	1885	Belfast	Harland & Wolff	1 Schraube	12½

Tacoma-Linie.
Northern Pacific S. S. Co.

Schiffsname	Abmessungen in m Länge	Abmessungen in m Breite	Abmessungen in m Vermess.-Tiefe	Tonnen-gehalt in Register-tons Brutto/Netto	Maschine Indicierte Pferde-stärken	Maschine System	Baujahr	Bauort	Erbauer	Art des Propellers	Geschwindig-keit in Knoten
Bruemar	104,54	13,41	5,52	3601 2316	2075	Triple	1895	Sunderland	Thompson & Sons Lim.	1 Schraube	12
Macduff	97,53	12,10	7,17	2305 1882	2040	Triple	1890	W.-Hartlepool	W. Gray & Co.	1 Schraube	11
Victoria	107,29	13,75	4,91	3284 2062	1500	Triple	1893	Sunderland	Short Bros.	1 Schraube	11
Tacoma	99,89	12,09	8,08	2549 1662	1500	Compound	1870	Dunbarton	W. Denny & Bros.	1 Schraube	10
Olympia	102,15	11,64	8,29	2608 1691	1600	Compound	1883	Glasgow	Barclay Curle & Co.	1 Schraube	11

19*

Vancouver-Linie.
Canadian Pacific S. S. Co.

Schiffsname	Abmessungen in m			Tonnengehalt in Registertons		Maschine			Bauort	Erbauer	Art des Propellers	Geschwindigkeit in Knoten
	Länge	Breite	Vermess.-Tiefe	Brutto	Netto	Indizierte Pferdestärken	System	Baujahr				
Alberta	80,30	11,64	7,10	2282	1552	1400	Compound	1883	Glasgow	C. Connell & Co.	1 Schraube	12
Athabaska	80,30	11,64	7,10	2269	1545	1400	Compound	1883	Glasgow	Aitken & Mansel	1 Schraube	12
Empress of China	138,80	15,60	10,00	5905	3003	10000	2 Triple	1891	Barrow	Naval Con.&Arnmts.Co. Lim.	2 Schrauben	16½
Empress of India	138,80	15,60	10,00	5905	3003	10000	2 Triple	1891	Barrow	Naval Con. & Arnmts. Co. Lim.	2 Schrauben	16½
Empress of Japan	138,80	15,60	10,00	5905	3003	10000	2 Triple	1891	Barrow	Naval Con. & Arnmts. Co. Lim.	2 Schrauben	16½
Manitoba	92,35	11,61	4,48	2616	1699	1500	Compound	1889	Owen Sound	J. W. Polson & Co. Lim.	1 Schraube	12
Michigan	80,7	12,80	4,55	1730	498	1500	Compound	1890	Michigan N.-A.	Wheeler & Co.	Seitenräder	13
Ontario	80,5	12,80	4,54	1615	1018	1500	Compound	1890	Owen Sound	J. W. Polson & Co. Lim.	Seitenräder	13

Japanische Linie.
Nippon Yusen Kaisha.

Schiffsname	Abmessungen in m Länge	Abmessungen in m Breite	Abmessungen in m Vermess.-Tiefe	Tonnengehalt in Registertons Brutto	Tonnengehalt in Registertons Netto	Indicierte Pferdestärken	Maschine System	Baujahr	Bauort	Erbauer	Art des Propellers	Geschwindigkeit in Knoten
Himeji Maru	102,7	12,56	8,08	3008	1940	2000	Triple	1888	Newcastle	Palmers Co. (Lim.)	1 Schraube	13
Hiroshima Maru	97,53	12,80	6,00	3276	2031	1800	Triple	1891	Sunderland	R. Thompson & Sons	1 Schraube	13
Idzumi Maru	101,49	12,25	5,79	3225	1999	1800	Triple	1894	Newcastle	R. Thompson & Sons	1 Schraube	13
Ikai Maru	109,97	11,94	8,36	3076	1907	1800	Compound	1872	Dumbarton	W. Denny & Bros.	1 Schraube	14
Kagoshima Maru	113,10	14,05	7,86	4140	2652	2400	Triple	1891	Newcastle	W. Dobson & Co.	1 Schraube	12
Kaijo Maru	107,55	11,83	6,89	3231	1829	1800	Compound	1873	Greenock	Caird & Co.	1 Schraube	14¹/₂
Kumagawo Maru	135,03	15,06	9,86	5823	3704	3500	Triple	1896	Glasgow	D. & W. Henderson & Co.	2 Schrauben	14
Kiushiu Maru	109,73	13,74	8,55	3546	2519	2000	Triple	1891	Middlesbro	R. Dixon & Co.	1 Schraube	14
Miike Maru	97,53	12,80	6,03	3312	2054	1200	Triple	1888	Sunderland	R. Thompson & Sons	1 Schraube	12
Riojun Maru	109,85	14,63	7,89	4670	3011	2600	Triple	1892	Newcastle	R. & W. Hawthorn Leslie & Co.	1 Schraube	13
Tosa Maru	135,63	15,00	9,17	5789	3589	2500	Triple	1892	Belfast	Harland & Wolff (Lim.)	2 Schrauben	12¹/₂
Yamaguchi Maru	110,34	12,62	7,71	3034	1911	3000	Triple	1896	Sunderland	J. L. Thompson & Sons	1 Schraube	14
Kawachi Maru	135,63	15,06	9,96	5820	3700	4000	Triple	1897	Glasgow	Napier, Shanks & Bell	2 Schrauben	14
Hakata Maru	135,63	15,06	9,96	5823	3704	4000	Triple	1897	Glasgow	D. & W. Henderson	2 Schrauben	14
Kanakura Maru	134,78	14,97	10,18	5789	3700	4000	Triple	1896	Belfast	Workmann Clark & Co. Lim.	2 Schrauben	14
Sanuki Maru i. Bau												
Wakasa Maru i. Bau												
Sado Maru im Bau												
Inaba Maru im Bau												
Tamba Maru im Bau												
Bingo Maru im Bau												
Hitachi Maru i. Bau												
Shinano Maru i. Bau												

Die Vortragsabende des Winterhalbjahres 1896/97 wurden am 24. Mai 1897 geschlossen. —

Das Thema dieses Abends war:

„**Bilder aus dem deutschen Schutzgebiet in der Südsee mit besonderer Berücksichtigung der wirtschaftlichen Verhältnisse und der Missionsarbeit**".

Dasselbe wurde in eingehender und höchst anregender Weise von Herrn Korvetten-Kapitän a. D. R ü d i g e r behandelt.

Als neue Mitglieder wurden nachstehende Herren aufgenommen:

A. Martini, Kaufm. u. Rittm. der L.-Kav. — *Fahrenkamp*, Oberstlieutenant a. D. — *H. Werner*, Rentier. — *E. Schümann*, Bankier. — *E. Grubitz*, Kaufm. — *Truppel*, Korvettenkapitän. — *Heins*, Kaufm. — *E. Taumeyer*, Kaufm. — *R. Wagner*, Kaufm. u. Prem.-Lt. d. L. — *A. Schubart*, Kaufm. — *E. Rehders*, Direktor der Deutsch-Asiatischen Bank. — *Dr. R. Buck*, prakt. Arzt. — *R. Blanckertz*, Kaufm. — *R. Klemm*, stud. jur. — *Reichenberg*, stud. jur. — *Sitzler*, stud. jur. — *Koch*, stud. jur. — *Gericke*, stud. jur. — *R. Wöldicke*, stud. jur. — *Plate*, Präsident des Norddeutschen Lloyd (Bremen). —